AF389288

RAPPORT

SUR LES

APPAREILS RELATIFS AUX TORPILLES

FABRIQUÉES A L'ARSENAL D'AMSTERDAM,

Par le capitaine lieutenant de marine Vandevelde.

Torpilles.

Au mois de juillet 1868, on a commencé à l'arsenal deux torpilles dormantes et une torpille automatique. Les bouchons en caoutchouc, anneaux et accessoires ont été préparés en août. En novembre, les torpilles étaient prêtes à employer.

La torpille électro-automatique peut contenir une charge de 37^k5 de poudre, et les torpilles dormantes sont préparées pour recevoir 50 kilogrammes.

Dans la rivière James, en Amérique, une torpille dormante placée à 14 mètres de profondeur avec 400 kilogrammes de poudre a produit en sautant un effet très-considérable. Si l'on peut admettre que les charges doivent être proportionnelles aux cubes des immersions, pour une profondeur de 6 mètres une torpille chargée de 35 kilogrammes doit suffire. Dans la passe de Durgerdam la profondeur n'est nulle part supérieure à 6 mètres, sauf en un seul endroit.

Cette proportionnalité des charges ne se rapporte naturellement qu'aux torpilles dormantes qui reposent sur le fond, mais on peut bien aussi admettre que la charge d'une torpille électro-automatique n'a jamais besoin de surpasser celle d'une torpille dormante.

Pour fixer les torpilles électro-automatiques on a fondu une ancre de forme cylindrique. Ce bloc cylindrique est traversé par une tige de fer recourbée dont les deux bouts doivent être garnis d'écrous. Au milieu de cette tige est fixé un émérillon en fer qui doit laisser passer la chaîne à laquelle la torpille sera tenue par un anneau. La tige peut être enlevée du bloc et remplacée par une autre qui ne porte pas d'émérillon. On emploie cette dernière lorsque le fond de la passe est plat et que l'on ne peut commodément faire mouvoir la torpille soit en haut soit en bas.

Dans la planche I on trouvera le dessin de ces blocs et des torpilles ; quand les épreuves dans le bassin seront terminées, on donnera un dessin et une description complète de ces torpilles.

Câbles et conducteurs.

Ces conducteurs viennent de la fabrique de MM. Telte et Guilleaume, à Keulen.

A la fin d'août, 200 mètres de câble n.° 63 et 100 mètres de conducteur n° 4 avec une âme de trois fils isolés avaient été fournis.

Le 7 novembre on avait en magasin 1,000 mètres de câble télégraphique de campagne n° 4 c à un seul fil garni de chanvre. Le 17 décembre, on a fourni 1,000 mètres de câble télégraphique de campagne à trois fils garnis de chanvre ; 315 mètres de câble télégraphique n° 4 c ont été garnis à l'arsenal de fils de fer n° 15. On s'occupe de garnir de fil de fer 1,000 mètres de câble télégraphique.

Appareil dynamo-électrique de Siemens et Halske.

Cet instrument, destiné à enflammer les torpilles dormantes, a été reçu en octobre 1867.

Jadis on se servait de l'appareil Wheatstone, mais M. Kipp me proposa de fournir à la marine l'exploseur Siemens et Halske. Quand j'eus appris par différentes communications qu'à l'étranger et par exemple en Prusse, dans ces derniers temps, on avait remplacé l'appareil Wheatstone par l'exploseur Siemens, je me décidai à accepter la proposition de M. Kipp.

L'exploseur que nous avons reçu a très-bien fonctionné jusqu'ici. Il est décrit dans l'annexe qui suit ce rapport.

Bobine de Ruhmkorff et accessoires.

Pour une torpille dormante, c'est-à-dire pour une torpille dont la charge doit être enflammée par les soins d'un observateur, on ne peut employer rien de mieux qu'une machine à rotation. Dans cet instrument, on produit un courant d'induction. Pour les torpilles électro-automatiques qui doivent partir au moment du choc du navire, l'instant précis de l'explosion est inconnu. Il est si peu connu, que, si dans une passe il y a plusieurs torpilles électro-automatiques, lorsqu'en en voit sauter une, il est impossible de savoir laquelle a sauté si l'on n'emploie pas le galvanomètre. Pour faire partir ces torpilles, on doit se servir d'un instrument qui puisse donner des étincelles pendant assez longtemps. De tous ceux que je connais, la bobine de Ruhmkorff est certainement le meilleur.

Le 9 novembre nous avons reçu une bobine de Ruhmkorff et ses accessoires. Pendant le transport, les fils se sont un peu déplacés, car ils étaient pris dans le trembleur de Neeff. A la première épreuve, l'instrument n'a pas paru très-bon. Après avoir été réparé par M. Kipp, il a parfaitement fonctionné. Nous n'avons pas eu encore l'occasion d'imaginer pour cet instrument une caisse qui donne toute assurance que dans le transport aucun dérangement ne se produira.

Rhéotomes à 6 clefs.

Ces instruments ont été reçus le 5 novembre : les verrous sont trop durs ; l'un d'eux fonctionne mal.

M. Kipp a examiné l'un d'eux et l'a réparé ; il fonctionne bien. Comme pour faire les épreuves avec les torpilles dormantes, il fallait un troisième rhéotome, on l'a fait construire.

Instruments pour viser.

Ces instruments ont été faits à l'arsenal. Ce sont de simples alidades à pinnules. Après les avoir éprouvés, on a trouvé avantageux de les faire modifier. Comme on a reconnu, de plus, qu'il y avait lieu d'améliorer notablement ces instruments, il est inutile d'insister.

Télégraphes magnéto-électriques de campagne.

Ces instruments, reçus le 25 novembre, ont été essayés plusieurs fois ; ils fonctionnent très-bien.

Galvanomètre et piles de 12 éléments.

Ces instruments ont été reçus le 6 janvier. La pile est bonne. Le galvanomètre est très-bon, mais il ne peut pas servir en temps de guerre. J'ai vu des galvanomètres mieux disposés pour ce but.

Amorces et amorces expérimentales.

L'école de pyrotechnie de Delft nous a livré, le 18 octobre, 100 amorces et 150 amorces expérimentales, et 150 autres le 2 janvier.

M. Kipp nous a envoyé, le 5 novembre, 24 amorces anglaises et 72 amorces expérimentales.

Jusqu'ici nous avons employé 18 amorces et 90 amorces expérimentales de Delft : elles étaient toutes bonnes. Nous n'avons pas encore éprouvé les amorces anglaises. Je suis d'avis d'essayer tous les mois quelques amorces hollandaises et anglaises pour les comparer.

Cabanes en bois pour stations.

Ces deux cabanes ont été faites à l'arsenal. Elles sont disposées de telle sorte qu'on peut commodément les démonter et les transporter où l'on veut.

Le 12 novembre, on a monté ces deux cabanes de chaque côté de l'arsenal à une distance de 91 mètres. Comme elles doivent servir de stations pour les torpilles dormantes, je les aurais fait volontiers établir bien plus loin l'une de l'autre, afin de pouvoir placer les torpilles assez loin des stations.

Bateaux pour mouiller les torpilles.

La chaloupe n° 589, placée dans l'arsenal, porte une grue et un cabestan pour mouiller et lever les torpilles. Dans les expériences, on s'est aussi servi de deux pontons construits à cette intention.

Rouets, bassins, accessoires, etc.

Pour enrouler les câbles et les conducteurs, on a fabriqué à la fonderie cinq rouets de sapin.

Pour réunir les câbles télégraphiques, on possède un matériel de pinces, ciseaux, feuilles de caoutchouc.

Pour fixer les câbles et les conducteurs, on emploie des grenades et des balles.

Epreuves. — Torpilles électro-automatiques.

La torpille électro-automatique était prête avant que l'on reçût les anneaux, les bouchons de caoutchouc. Aussitôt que ces accessoires furent arrivés, on monta la torpille, qui fut remplie de 37^k5 de poudre et d'une amorce. Comme les détails de construction de cette torpille et son installation sont assez connus, je passerai à la manière dont agit le courant d'induction.

La torpille est placée sur son fond ; on enlève un de ses bouchons et on la met en communication avec le câble télégraphique et avec un des pôles de la bobine de Ruhmkorff, pour voir si la cartouche peut s'enflammer lorsque la roue des contacts est mise en mouvement. Comme le sol était trop sec pour se servir du fil comme plaque de terre, il fallut attacher à l'autre pôle de la bobine un fil qui venait se relier avec l'extérieur de la torpille. Lorsqu'on eut constaté que le mécanisme fonctionnait bien, on mit une nouvelle amorce dans la caisse à poudre et l'on ferma la torpille.

Après avoir préparé le crapaud de la torpille, on le mit à l'eau au moyen de la chaloupe. Le cordage qui servait à descendre le crapaud était passé sur un des linguets. Dans la poulie de fer fixée à la partie supérieure du crapaud courait une chaîne. En descendant le crapaud, on tenait en main les deux bouts de la chaîne. Quand le crapaud fut au fond du bassin, on lâcha un des bouts et l'on put alors haler la chaîne. A l'une des extrémités de cette chaîne on avait fixé une bouée, et à l'autre bout une amarre qui était placée sur le quai de l'une des stations.

Le 19 novembre, on mit la torpille à l'eau et on l'attacha à la place où était la bouée.

Quand tout fut prêt, on essaya, du quai, à faire descendre la torpille, ce qui réussit parfaitement. La distance de la torpille à l'endroit du quai où se trouvait celui qui halait pour enfoncer la torpille était de 123 mètres. Le câble télégraphique attaché à la torpille fut garni de grenades et de balles pour le faire plonger au fond, et on le relia à l'une des stations.

Le 3 décembre, on fit monter et descendre la torpille, dans le but de voir si tout fonctionnait bien et pour savoir de combien la partie supérieure du crapaud était immergée. En manœuvrant ainsi le câble de dessus le quai, on amena la torpille si près de la surface de l'eau que la roue des contacts émergea presque. Comme la torpille a une poussée verticale de 100 kilogrammes, elle aurait pu monter notablement au-dessus de la surface de l'eau si l'on ne s'y était opposé en halant dessus. Pour la relever tout à fait, on fut obligé d'aller au-dessus avec une chaloupe, et de passer un palan dans l'un de ses anneaux. Quand elle fut ainsi amenée au-dessus de l'eau, autant que le permettait la chaîne, on la coula de nouveau.

Ce ne fut pas très-commode ni aussi facile que lorsqu'on mit la torpille en place pour la première fois. Convaincu que le crapaud resterait immobile à l'endroit où il était placé, je fis haler bas, de nouveau, la torpille.

Si l'on compare ce mode d'ancrage avec celui qu'on a suivi jusqu'ici au moyen d'une chaîne qui passe dans une poulie, puis est fixée à un anneau, on trouve les avantages suivants :

1° La torpille doit toujours être mouillée en même temps que son ancre. Si l'on réfléchit que l'ancre d'une torpille électro-automatique pèse environ 50 kilogrammes (les ancres pèsent actuellement 300 kilogrammes), on admettra que ce n'est pas une petite affaire.

Ce sera surtout embarrassant, si l'on manœuvre avec une chaloupe dans une passe étroite où l'action du vent et du courant se fera sentir plus fortement que dans le bassin ou le Nieuwe-Maas (Nol), près Brielle.

Je ne peux guère alléguer mon expérience personnelle. On ne fera pas de difficultés de reconnaître qu'un bateau à vapeur muni d'une grue pour manœuvrer les torpilles, de rouleaux pour les conducteurs, permettra de faire commodément beaucoup de choses qui sont très-difficiles quand on est réduit aux moyens actuellement à ma disposition.

2° La roue des contacts de la torpille doit toujours rester à la même distance du fond. A mesure que le vent ou la marée agissent, elle prendra différentes positions par rapport au niveau de l'eau.

Dans les positions de Durgerdam, la montée de l'eau est en général assez faible pour qu'on n'ait pas à craindre qu'une torpille électro-automatique fixée au-dessous du niveau des plus basses mers soit trop immergée au moment du plein pour qu'un navire ennemi puisse passer dessus sans la choquer, mais ce sera le cas sur d'autres points de nos côtes.

3° Un des grands avantages de l'emploi des torpilles électro-automatiques consiste en ce que nos navires peuvent naviguer sans danger dans les passes où elles sont placées. En amarrant les torpilles électro-automatiques à des profondeurs invariables au-dessus du fond, elles auront très-peu à souffrir du passage de nos navires. Elles ne peuvent jamais être placées de manière que les navires en passant dessus ne les choquent pas.

4° En employant des tiges de fer pour relier les torpilles à leurs ancres, on doit bien s'assurer au préalable de la profondeur de l'endroit où l'on veut mouiller la torpille. Les tiges doivent être faites plus ou moins longues, suivant le cas. Si l'on veut placer, par exemple, 50 torpilles dans une passe, chacune d'elles doit avoir une tige de longueur déterminée et être placée à l'endroit qui a été déterminé préalablement avec soin.

Malgré les inconvénients qu'il y a à tenir les torpilles avec des tiges de fer, ce procédé a incontestablement l'avantage que la torpille ne peut pas tourner sur son axe. Le conducteur ne peut pas non plus faire de tours autour de la torpille, mais au contraire il est en sûreté le long de la tige de fer qui le relie à l'ancre. En relevant l'ancre, on a aussi trouvé que le conducteur avait fait un tour sur la poulie. Probablement cela s'est produit pendant les tentatives infructueuses qu'on a faites pour remonter la torpille avant d'avoir relevé l'ancre. Le câble télégraphique a beaucoup souffert à l'endroit où il est fixé à la poulie. En l'examinant plus tard, on a vu que l'enveloppe du câble est enlevée en un seul endroit. On a été obligé alors de couper une longueur de 10 mètres.

Dans le but de pouvoir mieux examiner la torpille électro-automatique, on l'a mise sur le quai, sur l'un de ses fonds, et on l'a ouverte.

En enlevant le bouchon des fils, il s'écoula de l'eau, et l'on reconnut aussi que l'eau avait pénétré dans la caisse à poudre.

Au bord de la caisse on trouva une fissure que l'on boucha. Il n'était pas facile de dire au juste par où l'eau avait pénétré dans la caisse.

On doit examiner le bord du couvercle et le passage des fils pour les perfectionner. Aussitôt que le temps le permettra, il faudra recommencer ces épreuves.

Il faut aussi voir si les torpilles électro-automatiques de l'arsenal sont assez fortes pour servir lorsqu'un de nos navires passera au-dessus d'elles avec une certaine vitesse. La meilleure manière de les éprouver consiste, à mon avis, à faire passer un navire filant 3 à 4 nœuds plusieurs fois au-dessus d'elles. Je ne sais pas où et avec quel navire on pourra faire ces expériences.

Torpilles dormantes.

On a fait préparer deux torpilles dormantes dans le but de faire des expériences en les reliant, l'une avec un câble télégraphique léger, l'autre avec un conducteur garni de chanvre. A mon avis, il est très-désirable de faire ces expériences, pour savoir quelle espèce de conducteur et quel mode de jonction on doit préférer. Ces expériences doivent se faire de la manière suivante :

Les deux torpilles dormantes remplies de poudre seront reliées, l'une par le câble télégraphique, l'autre par le conducteur, placés tous les deux au fond de l'eau, et après les y avoir laissées séjourner de un à trois mois, on essayera si l'amorce peut sauter sans relever la torpille et sans changer ses communications électriques.

Il est évident que ces expériences ne peuvent avoir lieu que là où l'on peut être sûr que les navires ne peuvent pas laisser tomber leurs ancres sur les fils ou sur les torpilles, et où l'explosion des torpilles ne peut produire aucun dommage. Si l'on veut que ces épreuves soient aussi concluantes que possible, il faut alors qu'elles soient faites à l'endroit même où l'on posera des torpilles en cas de guerre. Ce cas se rapporte aux positions de Durgerdam. La première conséquence est qu'il faudrait 5,000 mètres de câble télégraphique. Comme ces épreuves ne peuvent se faire à Durgerdam, pour des motifs sérieux, nous n'avons acheté de câble télégraphique que tout juste ce qu'il fallait pour les expériences au bassin.

Je ne suis pas encore en mesure d'indiquer un endroit convenable à tous les points de vue pour faire ces expériences. Peut-être pourrait-on avantageusement se placer dans le Nol, au Nieuwe-Maas, près Brielle.

J'ai pensé qu'il serait bon d'éprouver les deux torpilles dormantes fabriquées à l'arsenal, pour voir si elles étaient étanches. On les a remplies de sable avec une amorce qui était reliée à des bouts de fil conducteur dont les autres extrémités étaient soigneusement isolées dans la gutta. Il faut fermer ces enveloppes avec le plus grand soin, parce que l'eau peut filtrer entre le conducteur en cuivre et son enveloppe.

Comme nous n'avons encore reçu qu'une partie des conducteurs que nous avions commandés, nous n'avions aucun câble télégraphique convenable pour établir les communications électriques avec les torpilles dormantes, de manière à faire arriver les bouts au quai.

Le 22 novembre, les torpilles dormantes furent placées au fond du bassin.

Comme le froid fut très-vif dans les premiers jours de décembre et que nous eûmes peur que les cordages fixés aux torpilles ne fussent brisés par la gelée, nous relevâmes les torpilles, qui furent remises sur le quai. En les ouvrant, on trouva que le sable s'était rassemblé. Du reste tout était en ordre. L'amorce placée sur l'exploseur s'enflamma immédiatement.

D'autres expériences nous apprendront s'il y a lieu d'améliorer et de perfectionner ces torpilles.

Expériences pour mesurer le degré de précision avec lequel on peut déterminer le moment où l'on doit enflammer une torpille dormante,

Une torpille dormante doit sauter au moment où un navire ennemi se trouve dans son cercle d'action.

En supposant que plusieurs navires ennemis disposés en ligne s'engagent dans une passe au fond de laquelle sont des torpilles, on doit savoir pour chaque navire en particulier sur quelle torpille il se dirige, et l'instant précis où il se trouve au-dessus d'elle.

Dans quelques journaux néerlandais et étrangers on trouve que l'on doit considérer comme résolue la question de savoir enflammer une torpille dormante au moment convenable. Cette assertion de journaux est considérée par quelques personnes comme incontestablement établie par l'expérience.

Il y a bien quelque raison de penser ainsi, mais l'opinion contraire est soutenue par des personnes considérées comme très-bons juges dans les questions militaires.

Si l'on examine ces écrits pour y chercher ce qu'il faut entendre précisément par la solution de la question, on trouve, à mon avis, ceci : que la charge d'une torpille peut être enflammée avec certitude à un moment donné.

A cela il n'y a rien à répondre. On peut certainement enflammer au commandement la charge d'une torpille placée à une grande distance, aussi bien qu'un soldat peut décharger son arme au commandement feu.

Mais la question d'enflammer la torpille au moment convenable n'est pas résolue pour cela. La plus grande difficulté est précisément de commander feu au bon moment.

En d'autres termes, le moment de faire sauter une torpille dormante n'est pas donné, mais il faut le déterminer par l'observation.

Dans les expériences qui sont décrites plus loin et qui doivent être continuées, il s'agit de déterminer l'exactitude que l'on peut apporter dans les observations qui servent à déterminer l'instant où doit sauter une torpille dormante.

L'endroit de la surface de l'eau au-dessous duquel est placée la torpille peut être déterminé par l'intersection de deux lignes.

L'application de ces règles comporte bien quelques modifications. Ainsi l'on peut faire usage d'un distanciomètre ou de la chambre obscure, mais pour celui qui n'est pas tout à fait étranger aux sciences d'observation, il est évident que l'emploi de ces procédés ne change pas essentiellement le fond de la question. En employant ces instruments, les angles qui par leur intersection donnent le point cherché, sont très-petits et par suite donnent des résultats entachés d'erreurs notables.

La disposition la plus simple et qui donne, à mon avis, les meilleurs résultats, consiste à prendre en deux points du quai le relèvement de la torpille au moment où elle est immergée, ou bien d'une bouée qui y est attachée, et de déterminer l'inflammation de la torpille au moment où le navire ennemi se trouve précisément sur ces relèvements.

Pour faire les expériences que j'ai indiquées, on a dressé deux cabanes de chaque côté du pont qui traverse le bassin.

Dans chacune de ces cabanes, on avait placé un instrument pour prendre les relèvements, et dans l'une d'elles un exploseur.

Comme torpilles, on employa des bouteilles à moitié remplies de poudre, tandis qu'un canot qu'on faisait passer au-dessus avec une certaine vitesse représentait le navire à faire sauter. Nous n'étions pas sûrs à *priori* d'obtenir l'étanchéité des orifices des bouteilles dont les goulots étaient traversés par deux conducteurs, au point de pouvoir les laisser quelque temps par une profondeur de 6 mètres et d'être certains que la charge pourrait encore s'enflammer.

Après avoir essayé des coiffes de caoutchouc, nous avons reconnu que la fermeture était très-bonne.

Pour faire ces expériences, on a préparé en tout 18 bouteilles garnies de coiffes, et la poudre a toujours été enflammée du premier coup. Généralement la coiffe de caoutchouc peut servir plusieurs fois.

Nous étions encore arrêtés par une autre considération : il fallait que l'explosion se fît naturellement, sans danger pour les personnes qui se trouvaient dans le canot.

Pour déterminer la charge de poudre des bouteilles, nous avons fait des expériences préliminaires qui nous ont amenés à conclure que la charge ne doit pas dépasser 75 grammes.

Cette faible charge, placée à une profondeur de 6 mètres, avait pour résultat de faire qu'il s'écoulât quelques secondes entre l'inflammation et la projection de la colonne.

On pensait ainsi éviter l'inconvénient de soumettre le canot au choc dû à l'inflammation, parce que ceux qui étaient chargés de l'inflammation ne voyaient pas bouillonner l'eau avant que le canot se fût éloigné de quelques mètres.

Comme je pensais qu'il était utile d'éviter toute incertitude relativement aux résultats de ces épreuves, je me décidai à les recommencer d'une autre façon.

En faisant partir un mortier au moyen de la machine Siemens et Halske, nous avons acquis la conviction que cet instrument fonctionnait bien, et qu'en fermant le rhéotome, l'inflammation se produisait sans autre perte de temps que celui qui était nécessaire pour faire faire deux tours à la roue à encoche de l'instrument.

Comme il ne pouvait rester aucun doute sur le fonctionnement de l'appareil, nous avons mis sur le quai trois mortiers chargés, reliés à l'exploseur et au rhéotome. Les torpilles furent garnies de bouées de liége peint en blanc, attachées à des boulets et immergées dans le bassin, de manière à être surmontées d'une colonne d'eau d'environ 20 centimètres.

Pour prendre les relèvements, on plaça sur les bouées des pavillons rouges qui furent enlevés avant de commencer les expériences.

L'endroit où étaient les torpilles était indiqué à la surface de l'eau par les bouées.

Du canot, on pouvait voir les bouées à une distance d'environ 15 mètres, mais des stations, on ne pouvait les apercevoir.

On fit passer le canot sur les bouées, et aux stations on faisait absolument comme si les bouées eussent été des torpilles dormantes.

Ainsi, quant à la station A (*fig.* 1) on relevait le canot dans la direction de la bouée ., on fermait le numéro 1 du rhéotome x. A la station B, on fermait le même numéro du rhéotome y.

Quand les deux rhéotomes étaient fermés sur le même numéro, c'est qu'on jugeait que le canot était juste au-dessus de la bouée, alors on faisait partir le mortier.

Au moment où la personne qui se trouvait à l'arrière du canot voyait partir le mortier, elle jetait par-dessus bord un boulet amarré à une bouée.

Celle-ci, ou plutôt le boulet qui y était attaché, donnait la place du canot au moment du départ du mortier. La bouée blanche indiquait l'endroit où les observateurs des deux stations croyaient que se trouvait le canot au moment où ils faisaient partir le mortier.

La distance entre les deux points est l'erreur faite par l'observateur[1].

Comme on attache en général une certaine valeur à ce fait que, dans la guerre d'Amérique, le *Commodore Jones* a été mis hors de combat par l'explosion d'une torpille dans la rivière James, il est convenable de noter ici que la largeur de la rivière est à peine de 100 mètres.

La distance de nos torpilles aux stations était partout supérieure à 100 mètres, par suite leur distance au rivage était de beaucoup supérieure à la distance du bord de la rivière James à la torpille qui a fait sauter le *Commodore Jones*. On doit donc conclure que si nous avions été placés dans les mêmes circonstances que celles où l'on s'est trouvé dans le cas qui vient d'être indiqué pour le *Commodore Jones*, nos torpilles auraient aussi causé à l'ennemi un grand dommage.

Ces expériences ont peut-être bien une certaine valeur. Quoi qu'il en soit, il est sûr que des expériences faites sur une petite échelle préparent bien à en entreprendre de plus importantes.

Dans l'exécution de ces épreuves où chaque observateur s'occupe des détails, les observateurs apprennent à travailler ensemble. Tant qu'ils ne sont pas habitués l'un à l'autre, on ne peut pas compter beaucoup sur les résultats.

Par expériences en grand, j'entends des expériences faites dans les

---

[1] *Note du traducteur.* Deux planches qu'il a paru inutile de reproduire donnent le plan des dispositions adoptées dans les expériences; les deux stations étaient à 100 mètres environ l'une de l'autre, et les bouteilles étaient distantes des deux stations de 120 à 140 mètres. Les erreurs ont été trouvées de 1^m5 à 3 mètres.

conditions où l'on doit se trouver en cas de guerre. Je me flatte que la disposition donnée aux expériences dans lesquelles on a employé les mortiers nous permettra de les recommencer pour l'établissement des défenses de Durgerdam.

D'après les résultats qu'on obtiendra, on pourra voir si l'on doit mettre des torpilles dormantes à Durgerdam, malgré les fortes dépenses que cela entraînera. On pourra aussi déterminer quel devra être le nombre des stations, celui des observateurs pour un nombre donné de torpilles dormantes, et quel rapport il devra y avoir entre le nombre des observateurs et celui des navires ennemis qui se présentent pour franchir la ligne des torpilles.

Les résultats des expériences qu'il faudra faire à Durgerdam nous apprendront s'il faut réunir deux, trois ou plusieurs torpilles pour les faire sauter en même temps.

Pour continuer ce sujet, je crois utile d'ajouter quelques mots sur les différentes manières dont on peut établir les communications électriques.

Pour éclairer ce point, j'ai fait dessiner cinq dispositions particulières. (*Fig.* 1, 2, 3, 4, 5.)

Peut être s'étonnera-t-on que je croie utile de donner ces dessins pour jeter du jour sur une question que beaucoup trouveront trop simple ; je dirai, pour me disculper, que presque tous les mémoires écrits sur les torpilles sont insuffisants, et sont cause que des écrivains ont émis des idées complétement opposées.

Je me bornerai à rapporter un seul exemple : dans quelques journaux on cite, comme un avantage du système triangulaire, que lorsque la nuit l'ennemi coupe un des fils de la torpille on peut encore la faire sauter.

Prise à la lettre, cette assertion est exacte, mais ce n'est un avantage du système triangulaire que si dans la passe il n'y a qu'une seule torpille et qu'on n'ait coupé qu'un seul de ses fils.

Un coup d'œil jeté sur la figure 5 suffira à montrer la justesse de cette remarque.

Il ne me serait pas bien difficile de faire voir par un grand nombre d'exemples que ceux qui se sont proposé de donner aux autres des détails sur les torpilles se sont acquittés trop légèrement de cette tâche.

C'est précisément la diversité des opinions à cet égard qui m'impose l'obligation de revenir aux figures 1, 2, 3, 4 de ce rapport.

La disposition adoptée dans la figure 1 mérite d'être indiquée, parce que les observations de l'une des stations sont tout à fait indépendantes des observations de l'autre.

L'attention des observateurs est ainsi moins partagée que dans le cas où ils doivent agir selon les indications qu'ils reçoivent de l'autre station. Outre les personnes qui sont dans le canot, il faut cinq observateurs. A chaque station, l'un d'eux est au viseur et l'autre au rhéotome; de plus, à la station A, il faut un observateur à l'exploseur. Ce procédé est à coup sûr le plus coûteux, car il exige beaucoup plus de fil sous l'eau que tous les autres.

Figure 2. — Les observateurs de chaque station sont aussi indépendants de ceux de l'autre. En A, il faut fermer deux rhéotomes à la fois, ce qui, pour un même nombre d'observateurs, exige plus d'instruction et plus d'attention. Dans ce procédé, on ne doit pas employer beaucoup moins de fil que dans le précédent, mais il offre beaucoup plus de facilités et plus d'économie, car la moitié des fils est sur le rivage au lieu d'être sous l'eau. Il sera aussi plus facile de mouiller les torpilles.

Figure 3. — Avec ce procédé, on économise beaucoup de fils. Il présente, il est vrai, cet inconvénient, que les observateurs de la station B doivent agir d'après les indications qu'ils reçoivent de A par le télégraphe. Celui qui ferme les rhéotomes de la station B peut bien oublier qu'il doit fermer le rhéotome y quand il sera prévenu par le télégraphe, et le rhéotome z quand il en recevra l'ordre de celui qui est au viseur. Si l'on adopte cette disposition, le personnel employé dans le service des torpilles doit être plus exercé que lorsqu'on fait usage des méthodes indiquées dans les figures 1 et 2. Il faut en outre dans les stations deux personnes pour le service du télégraphe, ce qui fait sept personnes en tout.

Figure 4. — Cette méthode, comme la précédente, offre l'avantage d'une grande économie de fils comparée à celles des figures 1 et 2.

Avec cette méthode, il faut six observateurs dans les deux stations; à chaque station, un au viseur et l'autre au télégraphe; de plus, à la station A, un au rhéotome et l'autre à l'exploseur.

Si l'on compare cette méthode à celle de la figure 3, on voit qu'elle est plus avantageuse, car il faut un observateur de moins, mais c'est celui qui vise qui doit faire attention aux indications qu'il reçoit du télégraphe.

Pour décider avec rai on laquelle de ces méthodes on devra préférer, il faudra les essayer toutes sur le terrain où elles doivent être mises en pratique.

Si l'on réfléchit qu'il faut plus de 100 torpilles pour défendre une passe comme celle de Burgerdam, et qu'avec l'une ou l'autre des deux premières méthodes chaque torpille exige au moins 1000 mètres de câble télégraphique de plus qu'avec les deux dernières; que pour les conducteurs sous-marins on ne peut pas employer de câbles qui coûtent moins de 1 franc le mètre, on admettra qu'il y ait quelque importance à étudier la meilleure méthode de liaison électrique.

Inflammation simultanée de plusieurs torpilles.

D'après ce qui vient d'être dit, on voit qu'il serait désirable de rechercher si l'exploseur Siemens peut enflammer simultanément un certain nombre d'amorces. Dans ce but, on a rempli de poudre trois bouteilles attachées à une pièce de bois de 10 mètres de longueur. Ces torpilles étaient ainsi à 5 mètres les unes des autres; on les descendit ensemble sous l'eau. Le premier fil de la première bouteille était attaché à un des pôles de l'exploseur, le second fil de cette bouteille allait à la seconde bouteille. Le second fil de la deuxième bouteille entrait dans la troisième, et le dernier fil était relié à l'autre pôle de l'exploseur.

Dans une autre expérience, on mit à l'exploseur une plaque de terre et le second fil de la troisième bouteille en reçut une également.

En fermant le rhéotome, les torpilles sautèrent simultanément, autant qu'on pût juger. Ces expériences ont donc bien réussi.

Examen des fils, épissure des câbles télégraphiques, etc.

Outre les épreuves rapportées ci-dessus, on a dû s'occuper encore de beaucoup d'autres choses relatives aux torpilles.

On m'excusera de dire quelques mots à ce sujet.

Comme nous n'avons reçu le galvanomètre et la pile qu'en 1868, l'essai des fils a été fait avec l'exploseur et en particulier avec l'appareil de Siemens et Halske.

L'un des pôles de l'exploseur a été attaché à l'extrémité d'un fil de terre dont l'autre bout plongeait dans le bassin. L'autre pôle était fixé à un fil portant des amorces expérimentales.

Pour éprouver le fil télégraphique, on l'avait enroulé sur un touret et plongé dans l'eau de telle sorte que les deux bouts étaient en dehors, sur une longueur de 2 mètres environ.

Un des bouts du conducteur fut lié avec le bout du fil portant les amorces, et l'autre était tenu tout à fait isolé dans la main d'un observateur.

On mit l'exploseur en action, et si aucune ne partait on en pouvait bien conclure que le fil était en bon état.

Avec le moindre défaut, le câble aurait fonctionné comme plaque de terre, et les amorces expérimentales seraient parties, par suite du passage du courant induit. Cela ne doit pas arriver si les amorces sont en bon état et si la matière isolante n'est enlevée nulle part. Pour voir si c'était bien là le cas, on a mis dans l'eau le bout du câble que l'on tenait isolé à la main. Les amorces sautèrent aussitôt : ce qui prouva bien que le fil était bon.

Une épreuve ainsi faite nous a mis en état de trouver un défaut qui s'était produit dans le câble en levant l'ancre d'une torpille électro-automatique.

On a dû aussi s'occuper de relier l'un à l'autre deux câbles télégraphiques.

Cela s'est fait sous la direction de M. Van der Heiden, employé des télégraphes de l'État, qui a eu la bonté de venir pour cela plusieurs fois à l'arsenal.

Nous avons aussi pensé à acquérir une connaissance complète des positions de Durgerdam. Comme il m'avait paru dans mes recherches antérieures qu'il serait très-difficile de parcourir le canal de Durgerdam avec un canot du garde-pêche, le contre-amiral directeur et commandant de la marine a eu la bonté de mettre à ma disposition le bateau d'inspection des pilotes, l'*Argus*.

Depuis que j'ai eu l'autorisation (28 octobre 1867) de m'en servir, je n'ai pas pu trouver beaucoup d'occasions favorables pour sortir.

En naviguant sur l'Ij, nous avons été obligés de faire trois lignes de sondages, par exemple entre les pointes de terre de Durgerdam et Immetjes-Horn, et le long des lignes que l'on peut tirer à 50 mètres dans l'Est et à 50 mètres dans l'Ouest de ces points.

Les bouées et les balises nécessaires pour ces sondages sont déjà prêtes et leur emplacement est décidé, mais la difficulté de l'opération et d'autres obstacles nous ont arrêtés jusqu'ici.

Pour déterminer la place et la nature des matériaux destinés à former un barrage entre Immetjeshorn et Durgerdam, il faudra encore faire bien des études.

Après les travaux préliminaires, je ne suis pas encore fixé sur la solution de cette question.

S'il m'est possible de continuer les études que nous avons commencées, je pense que nous pourrons jeter quelque jour sur ce sujet.

LÉGENDES RELATIVES AUX PLANCHES.

Figure 1. A chaque torpille sont attachés deux fils, reliés par un de leurs bouts à un bouton du rhéotome X, et à un bouton du rhéotome Y.

L'exploseur est aussi relié à X et à Y. L'inflammation d'une torpille, par exemple de la torpille 1, se fait de la manière suivante : si à la station A on veut faire sauter un navire qu'on relève suivant la torpille 1, on ferme le n° 1 du rhéotome X : la station B n'a pas besoin d'être avertie ; mais si à cette station on relève aussi le navire dans la direction de la torpille 1, on ferme le n° 1 du rhéotome Y : alors la torpille 1 saute.

Il est évident que le courant ne peut s'établir et déterminer l'explosion que si les deux rhéotomes sont fermés sur le même numéro.

N. B. Il n'est ici question que d'un seul navire ennemi. Si plusieurs navires se présentent on doit chercher à s'assurer que dans les deux stations on vise le même navire. Il faut pour cela qu'elles soient reliées par un fil télégraphique.

Fig. 2. Chaque torpille est reliée par un fil isolé avec un des boutons du rhéotome X, et à chaque torpille il y a un fil de terre. Comme le rhéotome Z a une plaque de terre, on peut dire que toutes les torpilles sont en communication avec les rhéotomes X et Y. L'inflammation d'une des torpilles, par exemple de la torpille 1, se produit de la manière suivante : si en A on relève le navire dans la direction de la torpille 1, on ferme le n° 1 du rhéotome X et le n° 1 du rhéotome Z. La station B n'a pas besoin d'être avertie. Si à cette station on relève aussi le navire dans la direction de la torpille 1, on ferme le n° 1 du rhéotome Y afin de produire l'explosion. On voit sur la figure que dans ce cas l'exploseur ne peut pas communiquer avec la terre avant que le n° 1 du rhéotome Y ne soit fermé. En d'autres termes, aucune torpille ne peut sauter sans que les rhéotomes X, Y, Z soient fermés sur le même numéro.

N. B. On suppose ici qu'il n'y ait en vue qu'un navire ennemi. S'il y en a plusieurs il faut alors échanger des signaux pour éviter, par exemple, que la station A ne ferme son n° 1 sur la frégate P et la station B sur le monitor Q.

On n'aura pas toujours besoin d'une communication télégraphique, mais souvent cela sera avantageux.

Fig. 3. Chaque torpille est reliée par un fil conducteur à un bouton du rhéotome X et à chaque torpille est une plaque de terre. Comme le rhéotome Z a aussi une plaque de terre, ou peut dire que les torpilles sont reliées aux rhéotomes X et Z.

L'exploseur est aussi relié à X et à Y.

L'inflammation de la torpille 1 a lieu de la manière suivante : si à la station A on relève un navire dans la direction de la torpille 1, on ferme le n° 1 du rhéotome X et l'on télégraphie à la station B le nombre 1.

Aussitôt qu'on est averti en B, on ferme le n° 1 du rhéotome Y. Il est évident que tant que l'exploseur n'a pas la terre, la torpille ne peut pas sauter. Si à la station B on relève aussi le navire dans la direction de la torpille 1, on ferme le n° 1 du rhéotome Z. On peut alors faire marcher l'exploseur, et la torpille 1 sautera.

N. B. On ne considère encore qu'un seul navire ennemi. S'il y en a plusieurs il faudra signaler le numéro de la torpille et le navire dont on s'occupe.

Fig. 4. Chaque torpille est reliée par un fil avec un des boutons du rhéotome X de la station A, et a en même temps une plaque de terre. L'un des poles de l'exploseur est à la terre et l'autre au rhéotome X.

L'explosion de la torpille 1 se fait de la manière suivante :

Si en B on relève un navire dans la direction de la torpille 1, on le télégraphie à la station A. A cette station on dirige le viseur sur la torpille 1, et aussitôt qu'on voit le navire on ferme le n° 1 du rhéotome. Le courant se trouve établi et la torpille saute.

N. B. Il ne s'agit ici que d'un seul navire ; s'il y en a plusieurs, il faut, à l'aide du télégraphe, signaler le numéro de la torpille et le navire dont on s'occupe.

Fig. 5. Chaque torpille est reliée par un fil avec la station A et par un second fil à la station B. L'ennemi peut réussir à couper les fils qui vont à la station B, alors les communications télégraphiques sont telles que le montre la figure. Le but que l'on se propose en employant le circuit triangulaire ne peut être atteint. On n'est pas sûr de ne pas faire sauter une torpille, même lorsqu'aux deux stations on n'a pas fermé le même numéro au rhéotome. Ainsi en A on relève un navire suivant la torpille 3 et l'on ferme le n° 3 du rhéotome X. Au même instant en B on relève le même navire dans la direction de la torpille 1 et l'on ferme le n° 1 du rhéotome Y. On voit sur la figure que le courant va s'établir à travers la torpille 3 qui sautera sans aucune utilité.

Résumé du rapport sur le matériel des torpilles, employé, en 1868, par M. Vandevelde.

Au sujet de l'emploi des torpilles pour la défense d'Amsterdam : 1° Il faut laisser la navigation libre et se borner à défendre les positions de Durgerdam au moyen de torpilles. 2° De toutes les torpilles connues il n'y a que deux espèces qui puissent être utilement employées : les torpilles dormantes et les torpilles électro-automatiques. 3° Je vais commencer de suite des expériences avec ces engins. 4° Ces expériences seront faites d'abord dans le bassin de l'Arsenal, puis à la place même que doivent occuper les torpilles.

En application de ces principes on a assemblé et expérimenté le matériel suivant :

1. — Torpilles.

En 1867, les expériences avec les torpilles électro-automatiques n'avaient pas donné de bons résultats. La fermeture et le bouchon d'amorce laissaient à désirer. On a paré à ces défauts.

Les 2 torpilles dormantes, faites dans l'arsenal, avaient deux bouchons d'amorces; mais actuellement on emploie la torpille entière pour faire plaque de terre. Le fil qui entre par le bouchon d'amorce vient de l'exploseur et se rend à l'amorce dont l'autre fil est attaché à la surface intérieure de la torpille. De la sorte, on n'a qu'un bouchon d'amorce.

On a fabriqué une torpille dormante cylindrique,

3 torpilles dormantes hémisphériques,

5 torpilles coniques.

Ces torpilles sont destinées à chercher la relation qui doit exister entre la charge et l'épaisseur.

Comme il est important que l'eau ne s'y introduise pas, il faut soigner la construction des bouchons d'amorce.

L'expérience a appris que la forme de la torpille n'est pas une chose indifférente.

Les bouées en tôle sont destinées à être placer sur les torpilles dormantes et à faire des expériences relatives au degré d'exactitude qu'on peut obtenir en relevant des torpilles.

2. — Conducteur, Câble télégraphique, Vulcaniseur.

Les fils télégraphiques ont été fournis par la fabrique Felte et Guillaume. Ces fils n'étaient pas très-bons. Cela a appelé mon attention sur un rapport de MM. Wheatstone et Abel.

Ils disent que les câbles isolés avec du caoutchouc sont bien meilleurs que ceux que l'on enduit de gutta-percha.

Cela m'a conduit à faire installer un appareil pour appliquer le caoutchouc vulcanisé et faire les soudures.

On trouve dans l'ouvrage de Scheliha, sur la défense des côtes, un procédé de R. Sabine pour la soudure des câbles.

Le colonel Ebner donne aussi une méthode pour joindre les fils et les éprouver.

Un employé des télégraphes est venu nous apprendre à faire des soudures à la gutta-percha, car les officiers chargés des torpilles ne doivent pas ignorer ce détail.

Quant aux câbles garnis de caoutchouc, il faut un appareil à haute pression nommé vulcaniseur.

La soudure est bien plus difficile à faire qu'avec la gutta-percha.

Les fils conducteurs que l'on devra employer doivent être tous armés ; une des raisons est que ces fils restent alors bien au fond, sans cela il faut les charger pour les empêcher de flotter.

Dépôt pour les instruments.

Les cabanes de bois n'étaient pas assez sûres pour y laisser les instruments : les rapporter à chaque fois à l'arsenal eût fait perdre bien du temps et eût pu leur être funeste.

Le baron Van Reede a bien voulu prêter une des pièces de sa maison pour y déposer les exploseurs, les galvanomètres, les rhéotomes, etc.

3. — Planchettes à viseur pour le relèvement.

On employait d'abord un viseur formé d'une tablette circulaire au centre de laquelle se mouvait une alidade à pinnules dont les extrémités marquaient sur un papier blanc les relèvements des différents points.

Il faut des observateurs exercés et ayant de bons yeux.

Le viseur qui ferme le courant automatiquement au moment précis où l'axe de la lunette est dirigé sur le navire ennemi ne paraît pas devoir donner de bons résultats dans la pratique.

M. Van den Bosch en a proposé un, mais le constructeur a déclaré ne pouvoir l'exécuter que pour un prix trop élevé.

Au lieu de cela il a construit deux viseurs à lunette qui n'ont pas encore été essayés.

4. Galvanomètre.

Les galvanomètres sont employés à vérifier l'isolement des fils ; quand ils restent au zéro on peut toujours enflammer.

En expérimentant avec une pile à eau douce et un galvanomètre, il n'y a jamais à craindre que l'amorce s'enflamme.

Je sais bien qu'il y a d'autres moyens d'éprouver les fils et les torpilles à l'eau, mais jusqu'ici le galvanomètre est l'instrument le plus commode.

5. — Télégraphe magnéto-alphabétique de campagne.

Ces instruments sont à cadran ; l'un d'eux était en retard quand on voulait signaler trop vite.

Après avoir passé quelque temps dans mon bureau il marchait très-bien. Cela tient sans doute à l'humidité qu'il avait éprouvée tout d'abord.

En guerre, il faudra donc avoir soin de tenir ces instruments au sec.

6. — Rhéotomes à 6 clefs.

Ces rhéotomes, du système Wheatstone, ont été fabriqués à Delft. Ils fonctionnent très-bien.

J'ai fait également construire des commutateurs en ébonite , pour pouvoir relier à volonté les fils immergés, soit au galvanomètre, soit à l'exploseur.

7. — Inflammation des torpilles.

J'ai fait venir 300 amorces expérimentales d'Angleterre, et j'ai reçu 72 amorces et 446 amorces expérimentales de Delft, 13 amorces et 99 amorces expérimentales de Ladd et Cie, de Londres.

Toutes ces amorces sont bonnes.

Les amorces anglaises s'enflamment plus vite que les amorces hollandaises, et elles sont plus solides.

Le galvanomètre peut être employé avantageusement pour essayer les amorces, et sans doute le raté peut provenir de bien des causes; mais le galvanomètre servira souvent.

Presque toutes les mauvaises amorces laissent passer presque sans l'affaiblir le courant d'une pile à eau douce, tandis que les bonnes amorces ne le laissent pas passer.

8. — Exploseurs.

La marine possède un exploseur Siemens et une bobine Ruhmkorff. A la suite d'expériences nombreuses avec ces deux appareils sur les amorces Abel, les amorces de Delft et les amorces Ebner fabriquées à l'école de pyrotechnie de Delft, on peut conclure :

1° Ces exploseurs sont assez forts pour enflammer une torpille dans la passe de Durgerdam ;

2° En employant une bonne machine à rotation ou une machine de Ruhmkorff avec 3 éléments Bunsen, la certitude de l'inflammation avec les amorces de Delft est au moins aussi grande qu'avec les amorces anglaises, et pourvu qu'elles n'aient pas été faites depuis plus de 15 mois, il n'y a rien à craindre ;

3° Les amorces anglaises sont plus sensibles que celles de Delft.

Deux éléments Bunsen suffisent pour la bobine Ruhmkorff, mais ils s'affaiblissent vite, ce qui mérite considération.

Les éléments Marié Davy n'ayant pas donné de bons résultats, j'essayerai les éléments Leclanché, qui sont employés avec avantage dans le service télégraphique à terre.

9. — Poteaux télégraphiques isolateurs.

Des poteaux ont été employés pour soutenir les fils qui relient les deux stations. On s'est alors décidé à employer des fils de fer galvanisés reposant sur des isolateurs.

10. — Bateaux pour torpilles.

La canonnière n° 7 a été envoyée à Amsterdam pour se procurer le personnel et le matériel nécessaires pour les expériences.

Outre cette canonnière, on a employé pour le service une barque du pays, une chaloupe à vapeur, une chaloupe, une yole, un canot.

La barque du pays servait à charger les chaines, etc., elle était remorquée par la chaloupe à vapeur.

La chaloupe servait à mouiller les torpilles ; elle était munie de palans, grue, etc.; elle avait un siége pour les rouets.

Toutes ces expériences ont montré l'utilité d'un bateau spécial pour le service des torpilles. M. l'ingénieur Lodder a dressé le plan et le devis d'un tel bâtiment.

11-12. — Expériences. — a. Dispositions préparatoires.

Dans mon rapport de janvier 1868, j'ai eu l'honneur de signaler que le mauvais temps nous a obligés à suspendre les expériences entreprises pour vérifier l'état des torpilles et du matériel dans le bassin de l'arsenal d'Amsterdam.

Ces expériences se poursuivront, aussitôt que le temps le permettra avec les torpilles et les bouées fabriquées dans les ateliers de l'Atlas.

En même temps on exercera le personnel avec les objets déjà reçus.

On s'occupait de cela quand je reçus l'ordre de mettre au courant du service des torpilles le capitaine d'artillerie Thesing.

Cette tâche m'a été facilitée par cette circonstance que j'avais pris l'habitude de prendre des notes sur tout ce qui concerne le service, et de les communiquer à mes supérieurs lorsqu'à mon avis, elles ont quelque importance.

Par suite, je ne pouvais mieux faire que de communiquer à M. Thesing tous les documents écrits.

Je me mis d'ailleurs à sa disposition pour répéter toutes les expériences qu'il pourrait désirer.

Le capitaine Thesing accepta ma proposition, ce qui fut agréable et avantageux non-seulement pour moi, mais aussi pour MM. Mandele et Loder, qui furent bien aises de répéter les expériences que nous avions déjà faites.

Je ne dois pas omettre de dire que M. Thesing n'a usé qu'avec beaucoup de réserve de l'autorisation qu'il avait.

Je ne suis pas bien sûr que M. Thesing ait beaucoup appris avec nous.

Il m'a écrit pour prendre congé, mais, depuis son retour à Brielle, je n'ai plus reçu aucune communication des officiers chargés du service des torpilles.

Si j'osais émettre ici mon opinion, je dirais que pour les officiers de Brielle, tout comme pour moi et pour les officiers de marine, il y a encore bien des choses à apprendre.

Après le départ du capitaine Thesing, nous avons repris les travaux nécessités par l'instruction du personnel et le perfectionnement du matériel.

Je crois devoir mentionner que nos expériences au sujet des torpilles ne sont pas toujours passées inaperçues; plusieurs fois nous avons eu l'honneur de les faire en présence des autorités.

Qu'il me soit permis de mentionner ici, avec reconnaissance, l'honneur que nous a fait le prince d'Orange d'assister aux expériences faites dans le bassin de l'arsenal d'Amsterdam, le 22 avril 1868.

A l'arrivée de Son Altesse, tous les instruments étaient installés dans les stations.

Une nouvelle torpille en cuivre, chargée de 4 livres de poudre, et quelques bouteilles furent placées dans le bassin.

La torpille automatique et les torpilles dormantes munies de leurs amorces étaient à leurs places.

Les torpilles en fer et en cuivre étaient reliées électriquement avec la bobine de Ruhmkorff, et les bouteilles étaient reliées avec un appareil d'induction placé à l'autre station.

Le courant d'induction pouvait de la sorte traverser les bouteilles.

Tout se passa précisément comme il fallait, mais l'inflammation avec la bobine de Ruhmkorff manqua.

Une épreuve au galvanomètre nous convainquit que, ou bien le conducteur était dénudé quelque part, ou bien l'amorce laissait passer le courant.

Si nous avions eu l'idée de faire d'avance cette épreuve, nous aurions reconnu que notre torpille était en bon état. Nous aurions pu la relever pour rechercher le défaut, ou si nous n'en avions pas eu le temps, nous l'aurions laissée de côté.

Dans ces circonstances, il était très-difficile pour moi de savoir que faire ; j'étais sur le point de déclarer que nos meilleures torpilles ne pouvaient pas partir, lorsqu'un de nous eut l'idée de faire encore quelques tentatives pour enflammer avec l'appareil à rotation.

Quelques minutes d'attente se passèrent avant que nous puissions avoir l'explosion ; on attacha les fils, et, avant que la manivelle eût fait quatre tours, une grande colonne d'eau soulevée nous montra que la torpille avait sauté.

La grande supériorité de l'appareil Siemens sur les autres exploseurs ne s'est jamais mieux affirmée que le 22 avril 1866.

A la torpille était attachée une partie du câble télégraphique n° 4, à trois fils, dont j'ai déjà parlé.

L'explosion de cette torpille, chargée seulement de 4 livres de poudre, a produit dans le sol une secousse qui a été ressentie par plusieurs habitants des maisons de l'arsenal.

Dans ma lettre du 9 avril, j'ai eu l'honneur de dire que les expériences à faire entre Immetjes-Horn et Durgerdam avaient pour but de rechercher si l'on pouvait employer les torpilles avec quelques chances de succès.

Pour entreprendre ces expériences, il est utile que, pendant que les fils et les torpilles sont en place, on puisse empêcher qu'elles ne soient draguées.

La défense de naviguer dans ces environs préservera les appareils.

Le choix des positions entre Immetjes-Horn et Durgerdam a été fait par une commission, à Amsterdam, le 12 juin 1868.

Les balises, pour montrer les limites entre lesquelles on ne doit pas mouiller, seront placées dans la seconde moitié de juillet.

L'érection des stations, le placement des poteaux télégraphiques, la pose des fils, le transport des instruments, etc., ont été déjà décrits. Ce n'est qu'après avoir placé les balises que l'on peut procéder à la mise en place des torpilles et des fils.

b. Expériences pour constater le bon état des torpilles.

Le 17 juillet 1868, on a mis à l'eau, dans le bassin de l'arsenal, une torpille chargée de 50 kilogrammes de limaille de cuivre avec une amorce. Elle était reliée à la station d'Immetjes-Horn par un câble télégraphique.

Ce câble, n° 4 c, n'a qu'une âme et une garniture de chanvre. Il a été livré le 7 novembre 1867 par MM. Felte et Guilleaume, de Keulen, puis armé de 12 fils de fer galvanisé, n° 15, dans les ateliers de la marine.

Au sortir de la torpille, ce fil passait dans un bouchon d'amorce avec une coiffe de caoutchouc.

Le 13 août, sans relever la torpille et sans rien changer à ses communications électriques, on a essayé d'enflammer l'amorce au moyen de l'exploseur.

En relevant la torpille et en l'ouvrant, on trouve que l'amorce a été enflammée et que la charge de la torpille était sèche.

Le 14 août 1868, la torpille électro-automatique, fabriquée dans l'arsenal, fut mise à l'eau, après avoir été remplie de 38 kilogrammes de sable sec, avec une amorce.

On y attacha le câble n° 4, à trois fils de cuivre, avec une enveloppe de chanvre fabriquée par l'usine Felte et Guilleaume, de Keulen, et revêtu de douze fils de fer galvanisé, n° 15, dans les ateliers de la marine.

Nous ne savions pas si ce fil serait assez long pour relier la torpille à la station d'Immetjes-Horn.

Par suite de notre inhabileté à accomplir un exercice encore nouveau pour nous, il ne nous est pas toujours arrivé de poser les fils d'une manière satisfaisante, surtout en l'absence de secours convenables.

Le câble a été trouvé trop court.

Comme il était trop tard pour y remédier, nous nous décidâmes à attacher le bout du câble à une bouée et à le mouiller.

Une épreuve ultérieure au galvanomètre nous a fait voir que le câble avait des dénudations.

Le lendemain, on releva la bouée et l'on souda un bout de câble.

Pour savoir si l'on pouvait compter sur le câble, aussitôt après l'avoir soudé, on l'attacha à la torpille et à un rhéotome de la station d'Immetjes-Horn.

En faisant une nouvelle épreuve au galvanomètre, on reconnut qu'il avait des défauts.

Pour savoir en quel endroit ils étaient, on le roula lentement sur un rouet placé dans une chaloupe et on l'éprouva de point en point avec un galvanomètre.

On vit alors que l'enveloppe isolante avait, en différents points, été comprimée par le revêtement de chanvre et de fer, et que les 3 fils de cuivre n'étaient plus au milieu du câble, mais tout à fait sur le côté.

Les 100 premiers mètres à partir de la torpille furent trouvés en bon état.

Je n'ai pas cru qu'il fût possible de décider sûrement si l'altération du câble était uniquement due à la chaleur véritablement tropicale que nous avons eue pendant les expériences, ou si l'accident arrivé à la gutta-percha doit être attribué à un échauffement de l'armature en fils de fer.

Dans le but de vous permettre de faire étudier cette question, si vous le désirez, je vous envoie un morceau de ce câble.

Je crois qu'on pourrait trouver dans les ouvrages de Wheatstone Abel et Sabine une explication de ce phénomène.

Nous avons voulu, sans relever les torpilles, remplacer le câble défectueux par un câble en bon état, mais nous n'avons pas réussi.

Nous avions soudé les uns aux autres tous les morceaux de câbles télégraphiques que nous possédions. Ces soudures ont bien tenu sous l'eau, mais nous n'avons pas pu décider d'une manière certaine quelle partie du câble était encore en bon état.

Cela vient de ce que, pendant qu'on changeait le câble, la mer s'était faite ; ce qui rendait très-difficile l'observation du galvanomètre à bord d'une chaloupe.

En portant le câble dans une chaloupe où il sera lové, on pourra alors décider quelle est la partie du câble qui ne vaut rien.

Bien qu'il soit à désirer que ceux qui placeront les torpilles en temps de guerre ne soient pas obligés de se servir de moyens aussi imparfaits que ceux dont nous pouvons disposer, il faut remarquer qu'on devra bien rarement être forcé d'éprouver un câble conducteur dans une chaloupe.

Le plus souvent, il vaudra mieux relever la torpille que l'on aura reconnue mauvaise au galvanomètre, et la remplacer par une autre avec un conducteur en bon état.

J'aurais certainement été conduit à relever la torpille conique et à la replacer avec un autre conducteur, si j'en avais eu alors une quantité suffisante.

Dans les circonstances où nous étions, j'ai cru que ce qu'il y avait de mieux à faire était de laisser au fond la torpille intacte.

Elle resta donc à l'eau jusqu'au 8 octobre, époque à laquelle on la releva.

En l'ouvrant, on vit qu'à l'intérieur tout était en bon état.

Comme la torpille, ainsi qu'on peut le voir par la carte, était placée dans l'endroit où passent les gros navires, elle a été frappée bien des fois, du 14 août au 8 octobre, par des navires, tandis que ce n'est que le 7 octobre qu'on l'a choquée exprès.

Comme la torpille cylindrique fabriquée à l'arsenal a été prête le 15 septembre 1868, je l'aurais volontiers mouillée dans la passe de Durgerdam.

Le fil conducteur garni de caoutchouc qui lui était destiné n'est arrivé que plus tard et ne put pas être employé avant que nous eussions reçu les bouchons de caoutchouc et les coiffes.

Le 29 septembre, nous pûmes enfin mettre à bord du bateau destiné à les mouiller, la torpille cylindrique électro-automatique et les trois torpilles dormantes en fonte avec tous leurs accessoires.

La torpille cylindrique électro-automatique fut mise à l'eau le 13 octobre 1868, chargée de sable et d'une amorce.

L'ancre cylindrique de cette torpille, qui lui était fixé par une tige de fer, pesait environ 200 kilogrammes.

Pour relier électriquement la torpille avec la station d'Immetjes-Horn, on s'est servi d'un fil de cuivre couvert de caoutchouc vulcanisé, que nous avons reçu de l'usine des télégraphes, à Silvertown.

Quand ce fil fut p'acé et relié à la station, on reconnut, en se servant d'un galvanomètre, que tout était en bon état.

Une observation faite le 7 octobre avec le galvanomètre montra qu'il y avait une perte à la terre, ou bien dans la torpille, ou bien dans le conducteur.

Cela nous engagea à faire relever la torpille et le fil.

En enroulant, le 8 octobre, le fil dans la chaloupe, on remarqua qu'il était mêlé avec un filet de pêcheur, et en l'examinant avec soin on vit qu'il avait été coupé par un instrument tranchant.

Une observation attentive nous a convaincus que la plus grande partie du fil qui était resté à la torpille était en bon état.

En ouvrant la torpille, on vit qu'à l'intérieur elle ne laissait rien à désirer et qu'elle n'avait rien perdu de sa valeur.

Quoique cette torpille soit restée à peine une semaine sous l'eau, elle a subi bien des abordages pendant le mauvais temps.

La tige de fer de sa roue était aussi faussée que celle de la torpille conique ; mais, malgré la déformation de leur tige de fer de 11 centimètres de diamètre, elles étaient encore en état de fonctionner.

Je ne demandais pas mieux que de remettre à l'eau la torpille cy-lindrique en l'armant d'un autre conducteur, et je l'aurais fait bien certainement si l'expérience ne nous avait appris qu'il est impossible d'empêcher, pendant la nuit, les pêcheurs de draguer dans tout l'es-pace laissé pour le mouillage des torpilles.

On ne pouvait donc pas empêcher que quelques-uns ne relevassent nos conducteurs avec leurs filets.

Pour les dégager, les pêcheurs ne devaient pas hésiter à couper nos câbles.

Ce qui était déjà arrivé.

Tout cela me faisait hésiter à mouiller là un conducteur qui ne fût pas revêtu d'une armature de fils de fer.

Si nous avions été plus exercés à souder entre eux deux fils garnis de caoutchouc vulcanisé, nous aurions pu commodément, nous-mêmes, garnir quelques milliers de mètres de fil, mais nous n'avons pas osé essayer.

Comme nous n'avons guère que 700 mètres de câble télégra-phique couvert de fer, dans lesquels nous puissions avoir confiance, je résolus d'employer les 700 mètres pour une torpille chargée de poudre et de placer les autres torpilles avec des conducteurs très-courts qui ne devaient pas être reliés aux stations.

C'est ainsi que furent mouillées, le 9 octobre 1808, les deux torpilles dormantes, en tôle.

Une de ces torpilles était chargée de 5 kilogrammes de poudre avec une amorce anglaise et une amorce hollandaise, chacune dans un sac particulier, avec 500 grammes de poudre. Le reste de la ca-pacité de la torpille était presque entièrement rempli de sable.

Elle fut reliée avec la station d'Inmetjes-Horn par le câble télégra-phique (n° 152).

La fermeture étanche de l'entrée du câble dans la torpille était faite au moyen d'un bouchon et d'une coiffe.

L'autre torpille était chargée avec une amorce et du sable, et munie de deux conducteurs très-courts.

Les bouts de fil sortant de la torpille étaient soigneusement fermés pour empêcher que l'eau pût s'introduire entre l'âme métallique et l'enveloppe isolante.

Sans relever la torpille et sans rien changer aux connexions électriques, on l'enflamma, le 13 novembre 1868. L'explosion eut lieu immédiatement en employant l'exploseur, avant que le troisième tour de l'exploseur eût été fait.

En relevant le câble, on amena deux morceaux de filets. Il était pourtant encore en bon état, puisque la torpille a sauté.

L'autre torpille en tôle fut relevée le 13 novembre. En l'ouvrant, on vit que tout était en bon état. Son amorce fut plus tard enflammée au moyen de l'exploseur.

Du 14 au 19 octobre 1868, nos trois torpilles de fonte furent chargées avec du sable et une amorce, puis coulées au fond de la passe.

Toutes ces torpilles furent reliées chacune au moment de l'immersion avec un fil conducteur isolé de 1000 mètres de longueur.

Le conducteur de cette torpille a été frappé sur une bouée retenue par un boulet. Les conducteurs des deux autres torpilles en fonte ont été étendus autant que possible sur le fond de la passe.

Un coup de vent s'étant élevé entre le moment où l'on a mouillé les torpilles de fonte et celui où on les a relevées, la bouée sur laquelle on avait frappé le conducteur de l'une de ces torpilles a été fortement secouée ; par suite, le conducteur a beaucoup souffert.

Le 13 novembre 1868, on a pu néanmoins enflammer avec ce même fil l'amorce contenue dans la torpille.

Cette inflammation a eu lieu naturellement, sans relever la torpille et sans rien changer à ses connexions électriques.

Après la tempête des premiers jours de novembre 1868, pendant laquelle nous avions couru risque de perdre notre sloop à vapeur, nous avons résolu de relever les torpilles immergées, et de suspendre pendant les mois d'hiver les expériences de torpilles devant Durgerdam.

En conséquence on releva les torpilles de fonte le 13 novembre, et on les mit à bord du ponton.

J'ai déjà dit qu'avant de relever une de ces torpilles on avait fait sauter l'amorce qu'elle renfermait.

En relevant les deux autres, on a vu que leurs conducteurs étaient rompus tout près des bouchons d'amorce.

Un des morceaux de ces conducteurs a été retrouvé plus tard emmêlé dans un filet de pêcheur. Ce fait, rapproché de celui-ci, que le conducteur resté attaché à la bouée et encore en bon état avait dû être exposé à la mer et au mauvais temps bien plus que celui qui reposait sur le fond de la passe, autorise à penser que les conducteurs ont dû être coupés par les pêcheurs, tout comme le conducteur de la torpille électro-automatique.

J'ai déjà dit que l'expérience nous avait appris que dans certains cas l'eau peut s'introduire entre le cuivre et l'enveloppe isolante, par exemple, dans les fils très-courts, fils de terre et placés à peu de profondeur dans l'eau.

L'expérience ne nous a pas autorisés à penser que l'eau ait pénétré dans l'intérieur de la torpille dont le fil avait été fixé à une bouée, à peu de distance du niveau de l'eau, mais je crois que l'eau s'est introduite entre l'âme en cuivre et l'enveloppe isolante des bouts de fils placés sur le fond de la passe, à côté de la torpille.

A l'ouverture de cette torpille, nous avons vu que cette crainte n'était pas fondée ; tout paraissait en bon état.

En examinant plus attentivement les amorces retirées de cette torpille, on a vu qu'elles ne pouvaient plus sauter et qu'elles laissaient passer le courant d'une simple pile à eau douce.

Comme de toutes les amorces que nous avons essayées à l'exploseur ce sont les seules qui n'aient pas été enflammées, nous pouvons attribuer ces insuccès à ce que les amorces ont été mouillées, et cela n'a pu se produire que par l'introduction d'une très-faible quantité d'eau entre l'âme et l'enveloppe isolante du fil.

Si l'on n'a pu découvrir dans la torpille aucune trace d'humidité, cela tient à ce que la mince couche de caoutchouc, dont les amorces sont revêtues pour les mieux isoler, a empêché l'eau de pénétrer profondément.

c. Expériences pour le mouillage des torpilles.

Il n'est pas possible de mouiller exactement une torpille à un endroit désigné si l'on ne peut disposer d'un bateau pour faire les manœuvres et le maintenir au même point pendant quelques jours.

Si l'on veut mouiller un grand nombre de torpilles dans une passe, il y a beaucoup de difficultés à tenir à l'ancre le bateau dans lequel sont placées les torpilles.

En mouillant les dernières torpilles, il y a à craindre que les grappins que l'on emploie ne viennent relever les conducteurs des torpilles déjà mises en place.

C'est à cause de tout cela qu'avant de commencer à mouiller quelques torpilles en ligne droite j'ai fait placer des bouées tenues au fond par de grosses pierres, en amont et en aval du courant, de manière que le bateau sur lequel sont placées les torpilles puisse toujours mouiller entre quatre de ces bouées.

Si ces corps-morts, dans nos expériences, étaient des bouées ordinaires placées assez loin les unes des autres, on pourrait alors procéder commodément au mouillage des torpilles, sans avoir besoin de tenir le bateau avec une ancre à l'endroit où sont les conducteurs.

Au moyen de quatre bouées disposées de la sorte, nous avons pu, dans la passe de Durgerdam mouiller six bouées et quatre torpilles à 10 mètres les unes des autres, suivant une ligne droite déterminée par deux balises fixées sur le rivage.

La mise en place d'une torpille se fait de la manière suivante:

Pendant qu'on prépare la torpille, on amène sous la grue de la chaloupe son ancre et la chaîne qui y tient.

L'ancre étant hissée, on attache à la chaîne un stoppeur.

Quand la torpille est prête sur le pont de la canonnière et attachée à son conducteur qui est roulé sur un rouet, on commence la manœuvre nécessaire pour placer le rouet et son siége sur la chaloupe. La torpille est alors attachée à la grue.

Quand on a embarqué dans la chaloupe tout ce qui doit servir à mouiller la torpille, on remorque la chaloupe jusqu'au point déterminé.

Quand la chaloupe est fixée au moyen d'amarres entre les bouées, on largue la remorque.

Alors on descend un peu la torpille électro-automatique, après l'avoir fixée à son ancre par la tige qui doit les unir.

Le conducteur est lié à la chaîne et à la tige.

Quand tout est prêt, on descend la torpille jusqu'à ce que son ancre soit au fond de l'eau. La tige et la torpille ont suivi, mais il faut prendre bien garde au conducteur.

Comme ce conducteur est enroulé, ainsi qu'on l'a dit, sur un rouet placé dans la chaloupe, il faut, pendant qu'on mouille le tout, le faire passer avec précaution d'un bout de la chaloupe à l'autre.

Quand l'opération est terminée, la chaloupe fait un signal au remorqueur, qui vient la prendre. On conçoit parfaitement qu'il n'est pas toujours très-facile par certains temps de conduire la chaloupe à un point désigné.

Cette manœuvre serait très-difficile s'il y avait un peu de mer.

Au moment où le remorqueur est en état de partir dans la direction voulue, ce qui ne se fait pas toujours comme on le voudrait, on largue toutes les amarres de la chaloupe.

Le mouillage d'une torpille dormante est bien plus facile que celui d'une torpille électro-automatique, car, pour celle-ci, il n'y a pas besoin d'employer une ancre d'une forme particulière.

On soulève la torpille dormante avec la grue placée dans la chaloupe et on la mouille comme si c'était l'ancre d'une torpille électro-automatique.

En mouillant les torpilles dormantes, nous avons essayé d'attacher toutes leurs chaînes à un seul bout qui était d'abord mouillé sur le fond de la passe, en travers du courant.

L'endroit de la surface de l'eau au-dessus du point où est mouillée la torpille peut se signaler au moment où elle descend, au moyen d'une bouée qui lui est attachée.

Dans les expériences dans la passe de Durgerdam, nous avons employé cette méthode avec succès.

Les résultats seraient-ils aussi favorables dans une passe qui aurait beaucoup de courant ?

Plus vite on mouille un câble et plus on est en état de lui donner la direction que l'on veut. Quand le conducteur n'a pas d'armature en fer, on est obligé de le filer en douceur.

Un fil non armé est beaucoup plus faible qu'un fil armé, et quand on augmente la vitesse, on court plus de chances de le briser. La plus grande difficulté consiste à maintenir au fond de l'eau un câble garni de chanvre ; on est obligé de le charger de lest de distance en distance. Cette opération est difficile à faire quand on file le câble, à moins d'aller très-lentement ou de stopper souvent, et il ne l'est pas moins de lester un câble quand il est déjà à l'eau.

La mise à l'eau d'un câble télégraphique et surtout d'un câble armé est moins difficile que celle d'un câble non armé.

Avec un câble armé, il n'est pas utile de mouiller le navire ni de stopper.

La mer et le courant ont moins de prise sur un câble télégraphique qui descend verticalement que sur un câble garni seulement de chanvre, car il ne coule pas tant que l'on fait de la force à son bout.

L'obligation de ne filer que très-lentement un conducteur garni de chanvre seulement n'est pas un grand inconvénient, quand il n'y a pas de mer et que le courant est faible; mais c'est autre chose quand il faut placer les conducteurs en travers au courant et dans des eaux profondes.

Avant de continuer la description des autres expériences que nous avons faites, je crois devoir faire remarquer ici :

1° Que toutes les torpilles que nous avons essayées ont très-bien fonctionné ;

2° Qu'un conducteur à trois fils de cuivre et une enveloppe isolante de gutta-percha ne peuvent se manier par un été très-chaud ;

3° Que tous les conducteurs dont nous nous sommes servis dans nos expériences ont bien fonctionné tant qu'ils n'ont pas été coupés par les pêcheurs ;

4° Que deux des trois câbles télégraphiques employés, bien que mêlés aux filets des pêcheurs, ont pu servir néanmoins ;

5° Que, pendant le temps que nous avons mouillé des torpilles dans la passe de Durgerdam, nous avons pu, à chaque instant, nous assurer si nos fils étaient en bon état et si nous pouvions enflammer les torpilles en nous servant d'un galvanomètre ;

6° Que l'on réussit très-bien à tenir une torpille électro-automatique aussi bien avec une ancre de 200 kilogrammes qu'avec une ancre de 300 kilogrammes et avec une tige de fer au lieu de chaînes.

Je ne sais pas si d'autres personnes ont fait des expériences pour déterminer le degré de certitude que l'on peut avoir pour enflammer en temps de guerre des torpilles mises à l'eau déjà depuis longtemps, et, quant à l'efficacité des torpilles, je ne sais pas si les expériences antérieures aux nôtres donnent des résultats égaux ou plus satisfaisants, mais je prends respectueusement la liberté d'appeler l'attention de Votre Excellence sur les résultats consignés dans l'ouvrage remarquable du colonel ingénieur von Scheliha, et surtout sur les pages 229, 236, 246 de son ouvrage.

d. Expériences pour déterminer le degré d'exactitude avec lequel on peut apprécier le moment où la torpille doit être mise en feu.

La manière dont ces épreuves ont été faites dans le bassin de l'arsenal se trouve complétement décrite dans le rapport contenu dans le neuvième volume des *Mededeelingen*.

De nouvelles expériences ont été faites en septembre, octobre et novembre de cette année entre Immetjes-Horn et Durgerdam. On s'est servi de bouées coniques en fer peint en rouge au lieu des bouées de liége peint en blanc. Du reste, les expériences ont été faites exactement de la même manière.

Les communications électriques indiquées dans le rapport de 1868 ont été soigneusement visitées.

On a de plus recherché s'il n'y aurait pas avantage à placer les torpilles en ligne droite pour le cas où plusieurs navires se présenteraient ensemble.

Si l'on peut placer ainsi les torpilles avec exactitude, ce qui a pu se faire pour les positions de Durgerdam, on réduit les communications électriques à leur forme la plus simple.

La figure 6 en indique la disposition.

Dans ce cas, les observateurs doivent s'entendre et s'exercer à toutes les épreuves qui se feront avec une seule bouée et un seul mortier.

Pour obtenir de bons résultats, on augmentera peu à peu le nombre des bouées et des mortiers jusqu'à arriver à six torpilles.

Dans les premières épreuves, on s'est servi d'une chaloupe à vapeur, puis, plus tard, à la fois de la chaloupe et d'un autre navire de l'arsenal.

Avec des vents d'Est persistants au plus fort de l'été, il est parfois très-difficile de faire ces expériences.

Il y avait quelquefois tant de mer, qu'on ne pouvait pas mesurer convenablement la distance qui séparait la bouée fixe de celle qu'on jetait par-dessus bord au moment de la détonation du mortier.

Souvent les fils télégraphiques placés sur le quai se mêlaient les uns aux autres, ce qui causait l'inflammation des mortiers, et les communications télégraphiques entre Zeeburg et Immetjes-Horn étaient parfois suspendues.

En nous servant d'isoloirs, nous avons évité ce mélange des fils.

En prenant ces précautions et quelques autres dont il est inutile de parler ici, les expériences ont bien marché.

Les résultats de ces expériences sont consignés dans des tableaux et représentés graphiquement sur une carte. Ces tableaux et cette carte forment les appendices 1, 2 et la planche I de ce rapport qui accompagne ma lettre du 1er décembre 1868 (n° 165).

<h3 align="center">13. — Considérations générales.</h3>

On peut voir dans les appendices que j'ai obtenu les meilleurs résultats de la disposition électrique indiquée dans la figure 3 de mon rapport de janvier 1868. Les expériences nous ont appris que l'emploi du circuit triangulaire ne mérite à aucun point de vue la préférence sur l'emploi d'une simple communication électrique, qui exige moins de fil.

On a, il est vrai, avancé qu'en se servant de deux conducteurs on peut enflammer la torpille, même lorsque l'un d'eux a été coupé par l'ennemi ; mais, à ce sujet, on n'a pas fait d'expériences. Il est facile de voir que cette affirmation repose sur l'hypothèse que l'ennemi qui a coupé les fils ne connaît pas la manière de s'en servir.

Pour des personnes qui ont quelque connaissance de la matière, il n'est pas difficile de voir que les bouts des fils coupés ne peuvent rendre aucun service comme plaques de terre.

On peut, à mon avis, conclure, d'après les expériences, qu'il y a bien peu de chance qu'un navire ennemi, se présentant seul, en plein jour, puisse passer sans être arrêté par des torpilles dormantes placées devant Durgerdam et assez rapprochées l'une de l'autre.

D'après les tableaux qui accompagnent ce rapport, on peut conclure qu'il y a lieu de recommander de placer toutes les torpilles en ligne droite avec l'une des stations. Devant Durgerdam, nous avons pu mouiller en ligne droite six bouées et quatre torpilles dormantes.

Il est pourtant encore douteux que sur nos côtes on puisse agir avec certitude si l'on emploie un grand nombre de torpilles.

L'expérience nous a montré qu'il est très-difficile, à Durgerdam, de déterminer avec certitude quelle est la torpille qu'il faut faire sauter, lorsqu'elles sont à moins de 20 mètres les unes des autres. Pour produire un effet utile, il est désirable que le passage entre deux torpilles ne surpasse pas 10 mètres.

On peut satisfaire à ces deux conditions de la meilleure manière possible en plaçant les torpilles sur deux rangs, de manière à former des triangles équilatéraux dont la base soit de 20 mètres. C'est ce que montre la figure 7.

Par suite, le nombre des observateurs est augmenté et il faut un viseur pour chaque rang de torpilles.

Il est possible que le nouveau viseur convienne très-bien pour une rangée de torpilles, mais jusqu'ici on ne peut rien décider.

Les expériences nous ont appris qu'il est très-difficile pour les observateurs des stations de suivre simultanément les mouvements de plusieurs navires.

Si le navire qui entre est animé d'une grande vitesse, il ne reste que pendant quelques secondes dans le cercle d'action d'une torpille.

Pour décider l'instant précis de l'inflammation d'une torpille, il faut que l'observateur dirige à ce moment, qu'il ne connait pas d'avance, son viseur sur le navire qui se trouve alors au-dessus de la torpille. Si l'observateur promène son viseur d'un navire à l'autre, il court grand risque de ne viser aucun des navires au moment où ils seront sur les torpilles.

De plus, en observant plusieurs navires au lieu de s'attacher à un seul déterminé d'avance, il y a bien plus de chances de fermer les mêmes numéros aux rhéotomes des deux stations quand on ne relève pas le même navire et, par suite, de faire sauter une torpille sans qu'il y ait un navire au-dessus.

La figure 7 montre ce qui peut arriver si plusieurs navires se présentent ensemble pour franchir une passe au fond de laquelle on a placé une série de torpilles dormantes.

A chacune des stations, on relève un navire dans la direction des torpilles 1, 2, 3, 4, 5 et 6.

A la station A, on relève les navires P, Q, R, S, T, U, chacun dans la direction de l'une des torpilles 1, 2, 3, 4, 5, 6, et, par suite, on ferme les numéros des torpilles correspondantes.

A la station B, on relève les navires Q, R, S, T, U, V, suivant les torpilles 1, 2, 3, 4, 5, 6, et l'on ferme leurs numéros.

Il en résulte que les torpilles 1, 2, 3, 4, 5, 6, sautent sans qu'aucun navire soit atteint.

On peut éviter cet inconvénient en signalant à temps le navire que l'on relève par numéro du rhéotome, mais je crois qu'il sera très-difficile de trouver des observateurs assez intelligents et assez vifs pour manœuvrer avec quelque certitude.

Pour donner cette règle, il faudrait pouvoir admettre que les navires ennemis qui se présentent sur nos côtes sont assez connus des observateurs des stations par leurs noms et qualités pour qu'à première vue, ils puissent les reconnaître et qu'un seul signal suffise à les désigner d'un observatoire à l'autre.

L'observateur qui est à l'une des stations, par exemple en A, doit être chargé de signaler très-rapidement à l'observateur de la station B : « j'ai fermé le rhéotome numéro tant pour le navire tel ou tel. »

Il est facile de comprendre qu'un tel signal ne puisse se faire bien rapidement si l'on réfléchit qu'aux yeux de l'observateur de la station A chaque navire, avant d'arriver sur une torpille, doit couper les relèvements de toutes les torpilles plus éloignées de l'observatoire A que celle sur laquelle il se dirige.

Pour l'observateur B, chaque navire, avant d'arriver sur une torpille, doit couper les relèvements de toutes les torpilles situées plus près de la station B que celle sur laquelle il doit se diriger.

L'indication télégraphique, donnant le numéro du rhéotome qui est fermé pour tel navire, doit donc changer à chaque instant pour tous les navires en vue, selon qu'ils se présentent l'un après l'autre ou plusieurs ensemble sur la ligne.

Sur les tableaux alphabétiques des télégraphes employés par nous, les chiffres sont placés à droite et à gauche.

Dans nos expériences, pendant lesquelles un sloop à vapeur et un remorqueur traversèrent en même temps une série de torpilles, les chiffres à droite servaient à désigner les numéros du rhéotome fermés sur le sloop et les chiffres à gauche ceux qui se rapportaient au remorqueur.

La figure 8 est faite pour montrer que la disposition des torpilles en ligne droite avec un observatoire ne suffit pas pour empêcher la méprise dans la fermeture des rhéotomes.

Le dessin suppose que plusieurs navires ennemis essayent de franchir une ligne de torpilles dormantes placées en ligne droite avec une station et sur le fond d'une passe.

En A, on relève les navires ennemis N, O, P, sur la ligne des torpilles.

A cette station, on ferme le rhéotome et l'on donne la terre à l'exploseur.

En B, on relève M, L, K, suivant les torpilles 1, 2, 3, et l'on ferme les numéros correspondants des rhéotomes.

Par suite, les torpilles 1, 2, 3 sautent sans qu'il y ait aucun navire atteint.

Il y a pourtant avantage à placer les torpilles en ligne avec une des stations, comme je l'ai fait remarquer.

Je crois que, si plusieurs navires se présentent ensemble le jour, le mieux sera, aussitôt qu'on pourra les distinguer, de convenir qu'on ne s'occupera que d'un navire déterminé et de n'observer au viseur que celui-là, jusqu'à ce qu'il soit hors de combat ou qu'il ait franchi la ligne des torpilles.

Si l'on ne peut faire aucune distinction entre les navires ennemis, l'application de cette règle ne sera plus possible. Il n'est pas vraisemblable que ce cas se présente souvent, mais si cela arrive, il faudrait alors faire sauter en même temps toute la ligne de torpilles au moment où on verrait un seul ou plusieurs navires la franchir ou du moins assez de torpilles pour être sûr de détruire les navires ennemis.

Si les navires ennemis peuvent facilement se distinguer et sont assez séparés, il est évidemment désirable de mettre d'abord hors de combat le navire le plus important.

Je crois qu'on remplirait très-bien ce but au moyen de deux stations à l'ouverture de la passe et d'une troisième station à droite. De cette station, on signalerait par le télégraphe aux deux autres observateurs de quel navire on doit s'occuper.

Pour décider de tous les navires qui se présentent lequel à un moment donné est le plus près d'une torpille, il faut à la station avoir son viseur installé de telle sorte que la ligne de vision soit dirigée sur la torpille dormante.

Si une station doit être installée à Durgerdam, il serait à désirer qu'elle fût placée bien plus à l'Est que celle d'Immetjes-Horn et que la distance entre la ligne des torpilles et la ligne qui les réunit soit d'environ 400 à 500 mètres.

De toutes ces considérations il ressort que je ne suis pas d'avis que les expériences que nous avons faites aient prouvé qu'on soit sûr de mettre hors de combat tout navire ennemi qui cherche à traverser une des lignes de torpilles dormantes qui défendent les approches de Durgerdam.

En critiquant mon projet de défense des positions de Durgerdam au moyen des torpilles, on ne doit pas perdre de vue que, eu égard à la sûreté, la plus grande partie de la passe entre Immetjes-Horn et Durgerdam doit être garnie de torpilles électro-automatiques dont l'action est bien plus sûre que celle des torpilles dormantes.

De plus, on pourrait à bon droit demander sur quel autre engin de guerre on peut compter davantage dans toutes les circonstances.

On ne peut s'empêcher de reconnaître qu'il serait très-désirable que nous fussions en possession de bons instruments pour déterminer l'instant précis de l'inflammation des torpilles dormantes.

Je me crois obligé d'appeler l'attention de Votre Excellence sur une méthode qui n'a pas encore donné d'excellents résultats, mais que je crois pourtant très-bonne.

Je veux parler de l'action du magnétisme d'un navire cuirassé pour signaler sa présence au-dessus d'une torpille.

M. Kaiser, dans sa lettre du 26 juin 1867, m'écrit au sujet de cette méthode :

« Mon fils a cherché un moyen pour que le navire ennemi signalât
« lui-même sa présence, en se fondant sur l'action magnétique de
« la carène qu'on ne peut masquer d'aucune manière.

« Un navire ennemi qui se présentera sera le plus souvent un navire
« cuirassé, et sa force magnétique sera assez considérable pour mettre
« une aiguille en mouvement à une distance de 50 à 60 mètres. Si
« la torpille renferme une aiguille aimantée qui, à l'état d'équilibre,
« ferme le courant d'un galvanomètre et qui ouvre ce courant quand
« elle sera déviée par le passage d'un navire, on pourra être averti
« qu'un navire ennemi se trouve juste au-dessus d'une torpille déter-
« minée et, en fermant un autre courant, on pourra enflammer la
« torpille.

« Imaginons que dans une passe il y ait cinquante torpilles, on a sur
« le rivage une table avec cinquante galvanomètres dont chacun ré-
« pond à une torpille. Auprès de chaque aiguille est un bouton de
« fermeture pour le courant qui doit servir à enflammer la torpille
« dont l'aiguille aura été mise en mouvement.

« L'aiguille de la torpille pourrait fermer immédiatement le cou-

« rant qui doit produire l'inflammation, mais cette disposition serait
« moins commode. »

Je crois superflu de signaler ici toutes les difficultés que m'a pré-
sentée dans son application la méthode de M. P. J. Kaiser.

Il me suffira de dire ici qu'il y a peu de temps, je pensais qu'une
torpille dormante devait nécessairement être placée sur le fond, avec
une grande exactitude, et que, comme alors, je crois qu'il ne sera pas
facile de régler la sensibilité d'une aiguille aimantée placée dans une
torpille de manière que dans toutes les circonstances l'aiguille
dévie avec assez de précision pour remplir le but désiré.

Quand j'ai appris de M. F. Kaiser que son fils, le docteur P. J. Kaiser,
avait fait construire un appareil qui répondait au programme qu'il
s'était tracé, je lui exprimai le désir de le voir.

M. Kaiser ayant bien voulu accéder à mon désir avec la plus grande
bienveillance, a répondu victorieusement à la majeure partie des objections que j'entrevoyais.

Il m'a fait voir un appareil magnéto-galvanique qui peut servir
dans quelque endroit qu'il soit placé et sous l'influence de la plus petite action magnétique.

Si un ponton passe au-dessus de cet appareil, l'aiguille d'un galvanomètre placé à une certaine distance indique l'instant précis où l'a-
vant du ponton se trouve au-dessus de la torpille.

Dans une expérience, nous avons vu qu'en retournant sens dessus
dessous la caisse qui contenait l'appareil, aucune modification ne
s'est produite dans l'action de l'aiguille sur un galvanomètre placé à
distance.

Le magnétisme du ponton employé dans cette expérience était si
faible, que l'aiguille d'un galvanomètre très-sensible mis à la place de
l'avertisseur déviait à peine de 3°.

Comme je me suis trompé en critiquant par avance les conditions
qui devaient être remplies par un savant très-recommandable à beaucoup de points de vue, je n'ose pas décider ici si les appareils magnéto-galvaniques de M. Kaiser peuvent donner de bons résultats avec
les torpilles qui doivent être placées sur nos côtes.

Je crois néanmoins devoir faire connaître à Votre Excellence qu'à mon
avis, il faut accueillir avec intérêt les communications faites par des
personnes qui font elles-mêmes les frais des expériences nécessaires
pour appliquer leur méthode à la détermination de la présence d'un

navire cuirassé au-dessus d'une torpille, au moyen de l'action magnétique de son blindage.

Dans mon rapport du 19 janvier 1868, j'ai eu l'honneur de vous faire connaître qu'on pouvait employer plusieurs dispositions pour déterminer la position d'une torpille dormante au moyen de l'intersection de deux lignes droites.

Dans les expériences faites entre Immetjes-Horn et Durgerdam, j'ai étudié la méthode qui donnerait à mon avis les meilleurs résultats.

En adressant le rapport sur les expériences exécutées sous ma direction devant les positions de Durgerdam, je crois devoir ajouter quelques détails sur les idées exprimées par moi, relativement au peu d'avantages de quelques méthodes pour déterminer l'instant précis auquel on doit enflammer une torpille dormante.

Je veux parler de la disposition vantée à différentes reprises dans plusieurs journaux étrangers. Elle consiste à construire au-dessus de la passe où sont placées les torpilles dormantes une station munie d'une chambre obscure, ou, ce qui revient au même, à élever une tour d'où l'on puisse prendre les relèvements nécessaires.

Les torpilles placées sur le fond sont à 10 mètres les unes des autres et dans le même plan vertical que la tour.

A l'étage supérieur de la tour est une station qui contient un viseur qui permet de mesurer les angles dans un plan vertical.

Les relèvements pour déterminer l'endroit de la surface de l'eau, répondant aux torpilles immergées, sont pris relativement à la surface de l'eau à un moment donné.

Toutes les observations se font de la partie supérieure de la tour.

On voit que la chose est très-simple, et dans les circonstances données, ou pour mieux dire supposées, il n'y a aucun doute que les résultats seront meilleurs que ceux que l'on pourrait attendre de deux observateurs placés sur la côte de Durgerdam, à 1,300 mètres de distance l'un de l'autre.

Ici on n'a pas à craindre que les observateurs des deux stations ferment leurs rhéotomes sur le même numéro en relevant des bâtiments ennemis différents, et fassent alors sauter une torpille sur laquelle il n'y ait aucun navire. Il n'y a pas besoin non plus de communications télégraphiques.

Si, au lieu de viseurs, on installe au sommet de la tour une chambre obscure qui reçoive les images des navires sur une table de marbre où l'on a dessiné les bouées que l'on a placées au-dessus des torpilles au moment de les mouiller, la chose sera encore bien plus simple.

En peu de mots, la méthode est excellente dans les circonstances données.

Mais, avant d'appliquer cette méthode chez nous, il faut se demander si nous avons dans les Pays-Bas à défendre des passes où l'on puisse commodément l'employer. On conclura vraisemblablement que des passes étroites comme celles qu'offre notre pays plat et uni sont mieux défendues par des torpilles électro-automatiques qui peuvent agir jour et nuit que par des torpilles dormantes et des tours qui ne peuvent servir que le jour.

La figure 18 [1] indique les résultats que l'on obtiendrait en appliquant la méthode à la défense d'une passe à peine à moitié aussi large que celle de Durgerdam.

La tour a ici 50 mètres de hauteur. Les monitors A, B et la carte de la passe sont dessinés à la même échelle.

Les six endroits de la surface de l'eau, au-dessous desquels sont placées les torpilles, sont indiqués par les lignes de relèvement, issues de la station.

Tandis que le monitor B est encore à gauche de la torpille 1, A est coupé par les lignes des torpilles 2, 3, 4, 5.

Le monitor A, qui est placé dans des circonstances très-favorables pour lui, entre les torpilles 2 et 3, au moment où le niveau de l'eau est juste aussi élevé qu'il l'était au moment où on a mouillé les torpilles, est coupé par les lignes de relèvement des torpilles 3, 4, 5, 6.

Il n'est pas douteux qu'en employant une chambre obscure les images des monitors A et B recouvriraient chacune trois ou quatre images de bouées.

Il sera difficile dans les deux cas de décider quelles torpilles il faut faire sauter.

Et quant à ce qui arriverait si l'on employait une tour moins haute, de 30 mètres par exemple, pour une passe de 2 à 3 kilomètres, on peut le prévoir. L'image d'un monitor dans les circonstances les plus

---

[1] Cette planche a été omise, le lecteur y suppléera aisément.

(Note du Traducteur.)

favorables ne recouvrirait-elle pas un grand nombre de torpilles?
Quand le niveau de l'eau changerait, l'image du monitor ne recouvrirait-elle pas des torpilles très-différentes de celle au-dessus de laquelle il se trouverait.

Je crois avoir accompli ma mission et justifié le choix de la méthode
à employer pour déterminer le moment où une torpille dormante
doit être enflammée.

Votre Excellence me pardonnera si, pour atteindre ce but, je lui
expose ici des considérations qui ne se lient pas étroitement avec
les résultats des expériences entreprises, en 1868, sous ma direction.

14. — Conclusion.

D'après les résultats des expériences faites sous ma direction, et
comme déduction des considérations qui viennent d'être exposées, je
me crois en droit de conclure que l'emploi des torpilles, en temps de
guerre, dans les positions de Durgerdam, ne compensera pas les dépenses nécessitées par leur installation. On peut les comparer aux
autres moyens de défense au point de vue de la dépense et des résultats.

Sur la carte des positions de Durgerdam, que j'ai communiquée à Votre
Excellence, on a marqué deux lignes où l'on devrait, à mon avis, placer en temps de guerre des torpilles électro-automatiques et des torpilles dormantes.

Si l'on admet que la distance des torpilles doive être de 10 mètres
au plus pour obtenir de bons résultats, il faudra alors ici 50 torpilles
électro-automatiques et 60 torpilles dormantes.

Une torpille électro-automatique a un grand avantage sur la torpille
dormante; par mauvais temps et par nuit noire elle agit aussi bien
qu'en plein jour. En outre, on est bien plus sûr qu'elle éclatera au
moment favorable.

Il est vrai qu'on ne peut pas employer les torpilles électro-automatiques ailleurs que dans des passes assez profondes pour que nos
navires ne puissent pas éprouver ou causer des avaries, c'est-à-dire
à une profondeur d'au moins 4 mètres.

Avec moins de 4 à 5 mètres il arriverait des avaries au navire ou à
la torpille, ou peut-être aux deux.

En examinant, sur la carte, l'endroit où devraient être placées les torpilles en cas de guerre, on voit quel genre de torpilles il y aurait lieu de mouiller.

Si l'on place des torpilles dans la passe entre Immetjes-Horn et Durgerdam, il n'est pas vraisemblable qu'un navire ennemi s'aventure à passer la nuit au Sud des torpilles électro-automatiques.

Un navire ennemi qui, en plein jour, chercherait à passer entre les torpilles électro-automatiques et le rivage de Durgerdam serait assurément détruit par les torpilles dormantes.

Un navire ennemi qui pendant la nuit ferait la même tentative serait très-vraisemblablement aussi mis hors de combat, si les observateurs faisaient sauter ensemble les torpilles dormantes comprises entre le rivage et les torpilles électro-automatiques.

Je crois qu'il est désirable pour la défense de Durgerdam de faire élever de ce côté cinq observatoires.

Par exemple, sur la digue, entre Immetjes-Horn et Zeeburg, un grand et deux petits, et sur le rivage de Durgerdam, un grand et deux petits.

A mon grand regret je ne suis pas en mesure de répondre aux questions que m'adresse Votre Excellence au sujet de l'établissement d'un barrage au moyen de navires coulés dans la passe de Durgerdam.

Je m'occupe avec soin de chercher les matériaux qui pourraient servir à un pareil barrage.

Rapport sur les expériences faites, du 28 décembre 1868 au 1er mars 1870, sur les torpilles, par la direction de la marine, à Amsterdam, par le capitaine-lieutenant Vandevelde.

De la forme des torpilles.

Si l'on construit une torpille de manière que ses parois, en chacun de leurs points, offrent partout la même résistance aux gaz qui se développent dans l'inflammation de la poudre, il est probable que sa forme ne modifiera en rien l'action de la poudre.

Pourtant il n'est pas indifférent de lui donner la première forme venue.

Ainsi, suivant leur forme, il sera plus ou moins facile de manœuvrer les grosses torpilles.

Les expériences faites en 1868 et 1869, sur l'Ij, nous ont appris, entre autres choses, qu'en un temps donné on remplit et l'on met en place plus de torpilles cylindriques que de torpilles coniques.

Je ne peux pas conjecturer les résultats que nous aurions obtenus si nous avions été en possession du navire porte-torpilles imaginé par un ingénieur de la marine, mais je crois que les torpilleurs hollandais feront bien de s'habituer, en cas de guerre, à se servir de moyens même défectueux.

Les résultats que nous avons obtenus avec les moyens dont nous disposions, et cette considération évidente qu'il suffit à la guerre de perdre quelques instants pour changer profondément les chances de succès, m'ont engagé à faire des expériences pour savoir s'il serait possible, dans la défense des positions de Durgerdam, d'employer des torpilles plus maniables que celles que nous avons employées en 1868.

Par suite, j'ai fait faire à l'arsenal d'Amsterdam quelques torpilles dormantes de tôle cylindriques et une torpille automatique cylindrique en tôle. (*Fig.*9 à 25.)

La différence entre les torpilles automatiques, essayées en 1868 et 1869, consiste principalement en ce que l'anneau par lequel elles sont fixées n'est pas en dehors de leur surface de base et que la roue de contact a une autre forme.

Déjà, en 1868, nous avions essayé des torpilles de cette forme. Nous n'avions pas réussi à imaginer une disposition convenable pour placer cet anneau de telle sorte qu'il ne fût pas arraché par une traction énergique.

Nous avons été obligés de faire adapter, sous le fond de la torpille, 4 arcs-boutants en fer qui viennent se réunir à l'anneau.

Cette manière de consolider l'anneau présente cet avantage que la torpille est prête à fonctionner lorsqu'elle est placée à plat.

On voit dans la figure 12 la manière dont la torpille et l'anneau sont réunis.

La forme de parapluie donnée à la roue des contacts présente cet avantage que cette roue pourra bien mieux fonctionner lorsqu'elle sera dans une position inclinée.

Elle a, au contraire, cet inconvénient d'exiger qu'on la fasse, à force égale, plus lourde qu'une roue plate.

Pendant les expériences des torpilles sur l'Ij, le courant n'a jamais été assez fort pour incliner les torpilles au point de montrer l'avantage qu'une roue en forme de parapluie pouvait avoir sur une roue plane.

L'expérience nous a appris que pour la défense des approches de Durgerdam, les roues plates seraient bien suffisantes.

En conséquence, dans les expériences faites sur l'Ij, en 1869, la torpille automatique (*fig.* 9), a été munie d'une roue plate.

La torpille cylindrique dont il est question ici, dans ses essais préliminaires à l'arsenal, a été prise, par accident, entre la quille du navire à hélice de 1re classe, *Het Zilveren Kruis*, et le fond du dock.

En relevant la torpille on vit que la tige en fer qui sert à transmettre le mouvement de la roue à l'anneau des contacts était fortement faussée.

La torpille, elle-même, était parfaitement étanche et put encore servir quand on la remit à l'eau.

Comme les différents torpilleurs des Pays-Bas ont des opinions très-différentes sur l'usage de la roue des contacts dans les torpilles automatiques, je ne crois pas inutile de faire remarquer ici que les torpilles automatiques que nous avons essayées doivent, à mon avis, leur grande force et leur durée à la disposition de la roue des contacts et à cequ'elles n'emploient ni ressort spiral ni échappement.

La roue des contacts protége la torpille de telle sorte que ses parties faibles, ses bords et son bouchon d'amorce ne peuvent jamais être choqués par un navire ennemi.

Le choc que reçoit la roue se communique aux parois du petit cylindre et de là, par la tige, à une grande partie du couvercle (*fig.* 9).

Je sais bien que dans les torpilles automatiques, ces roues et ces cylindres ne fonctionnent pas toujours bien.

Il n'y a pas plus de chance de voir couler cette torpille par suite d'un choc, que si elle n'avait pas de roue de contact et qu'elle fût choquée sur un de ses bords. Mais ce sont là des inconvénients qui n'ont rien de commun avec le système des torpilles automatiques à roue de contact.

Les torpilles dormantes de 1869 se distinguent des torpilles employées précédemment en ce que les faces, supérieure et inférieure, de la torpille cylindrique sont des cercles et que le couvercle ne se met pas par l'intérieur (*fig.* 21).

La forme circulaire des fonds de la torpille a pour but de permettre à une partie de la torpille de se déformer sans que le reste change de forme.

La circonférence des fonds est un peu plus grande que celle des autres sections parallèles de la torpille, ce qui présente l'avantage que la torpille peut rouler sur le fond ou sur une surface inégale.

Elle peut alors, lorsqu'elle est chargée, être mise en place par un seul homme.

L'ouverture et la fermeture étanche d'un couvercle qui se met par l'intérieur exige plus de travail et plus d'habileté que celle d'un couvercle qui se met par l'extérieur.

Dans les torpilles essayées, les couvercles qui se mettaient à l'intérieur avaient cet avantage qu'une partie faible de la torpille était mieux protégée contre les accidents résultant de l'inégalité du fond de la passe.

Dans les torpilles dormantes, modèle de 1869, le couvercle est protégé par les faces latérales qui débordent.

Quant à la facilité de les mouvoir, il y a aussi d'autres raisons qui font qu'il n'est pas indifférent de leur donner telle ou telle forme.

Ainsi, dans quelques circonstances, la forme d'une torpille sera déterminée par la position qu'elle devra avoir sous l'eau.

Cette influence peut être très-grande, par exemple, dans le cas où une torpille automatique doit être maintenue au-dessous du niveau de l'eau par un seul poids dans une passe qui a un courant un peu fort.

De deux torpilles qui ont la même poussée et dont la différence entre le poids et le déplacement est assez grande, la torpille qui offre le moins de résistance au courant s'inclinera moins par un courant d'une vitesse donnée.

Il n'y a aucun doute que la grandeur de la résistance qu'une torpille offre au courant dépende de sa forme.

Bien que je n'aie fait encore aucune expérience pour déterminer la forme à donner aux torpilles pour rendre leur inclinaison minimum avec un courant de force donnée, nous avons pourtant recueilli un grand nombre de renseignements qui peuvent nous aider à résoudre cette question.

En examinant ce qui est venu à ma connaissance sur ce sujet dans les rapports de la compagnie des torpilles, il est de mon devoir d'en parler ici.

Si une torpille automatique est retenue par un seul point au fond de l'eau et prend une position verticale, sa chaîne d'amarrage doit être sur le prolongement de l'axe de la torpille.

L'axe de la torpille étant vertical, la direction de la chaîne d'amarrage doit l'être aussi. Si l'axe de la torpille s'incline, la chaîne doit aussi faire un angle avec la verticale.

La distance entre la partie supérieure de la torpille sans roue de contact et le niveau de l'eau doit toujours s'accroître à mesure que l'inclinaison de la torpille et de la chaîne augmente.

Quand on place des torpilles dans des passes profondes où il y a beaucoup de courant, l'accroissement de la distance du niveau de l'eau à la torpille, causé par l'inclinaison de la torpille et de la chaîne, peut faire qu'une torpille, bien placée en temps calme, peut ne rendre alors aucun service quand le courant est fort.

Dans ces circonstances cela dépend, en partie du moins, de la forme de la torpille, lorsqu'elle est tenue au fond par deux points ou par plus de deux.

Quand on fixe une torpille par deux points ou plus, dans le lit d'un fort courant, il peut se faire que la chaîne reste toujours tendue, mais que la position de la torpille change avec la force du courant.

Dans une passe où le courant a toujours la même direction ou bien se renverse dans une direction complétement opposée, on peut fixer la torpille à deux ancres placées dans le lit du courant.

Ces ancres doivent être placées assez loin l'une de l'autre pour que l'inclinaison des chaînes soit plus grande que celle que prend l'axe de la torpille quand le courant est le plus fort possible.

En d'autres termes, on peut dire que l'angle que fait chacune des chaînes avec la surface de l'eau doit être plus petit qu'il ne serait si la torpille n'était fixée que par un seul point au fond (*fig.* 26).

Dans le cas où l'on peut employer deux ancres, la forme de la torpille doit certainement avoir de l'influence sur l'endroit où l'on mouillera les ancres.

Si l'on satisfait aux conditions qui viennent d'être énoncées, c'est-à-dire si les ancres sont placées à la distance voulue ou à une plus grande distance, la forme de la torpille n'aura qu'une très-faible influence sur la variation de distance du sommet de la torpille au niveau de l'eau.

On peut le reconnaître par un calcul bien simple indiqué dans l'annexe I, rédigée par le lieutenant de 1re classe M. G. M. van Emde. Le fait est rendu bien visible par le dessin des deux torpilles dont les ancres sont placées à des distances différentes les unes des autres.

La figure 26 représente les torpilles coniques employées dans les expériences sur l'Ij, en supposant que la distance de leurs ancres soit égale à 4 fois la distance du fond de la torpille au fond de l'eau.

La figure 26 représente aussi les torpilles cylindriques essayées sur l'Ij, en supposant que la distance de leurs ancres soit égale à 7 fois la distance du fond de la torpille au fond de l'eau.

Quand les torpilles sont verticales, leur roue est immergée d'un mètre.

Quand l'axe de la torpille conique s'incline de 62° environ, le bord de la roue de la torpille s'enfonce de 1^m237 au-dessous du niveau.

Quand l'axe de la torpille cylindrique s'incline de 74°, le bord de sa roue se trouve sous l'eau à une profondeur de 1^m205.

Qu'il me soit permis de faire remarquer que la roue d'une torpille qui protége, comme nous l'avons dit, le corps de la torpille contre le choc de l'ennemi, contribue aussi avec une certaine inclinaison à diminuer la distance de la torpille au niveau de l'eau.

D'après la figure 26, on voit que pour chaque inclinaison de la torpille qui ne dépasse pas une certaine limite, le bord de la roue est plus près du niveau de l'eau que dans la position verticale.

Cela dépendra évidemment de la force de la torpille et du nombre des points d'attache au fond de l'eau.

En employant deux ancres on devra les espacer plus ou moins, suivant la forme de la torpille.

En temps de guerre il sera très-avantageux de fixer les torpilles en un seul point, et je crois, qu'à ce point de vue, les torpilles coniques valent mieux que les torpilles cylindriques.

Si l'on est décidé à placer des torpilles avec deux ancres dans une passe, à mon avis, il sera indifférent d'éloigner les ancres l'une de l'autre de 25 ou de 50 mètres.

Quoi qu'il en soit, on ne peut nier qu'il soit avantageux de donner à la torpille une forme qui présente au courant le moins de résistance eu égard au volume. Il serait donc utile de faire des expériences pour déterminer la meilleure forme à adopter.

Malheureusement il n'est pas bien facile de dire comment devraient être dirigées les expériences pour répondre à cette question, quoi qu'en aient dit quelques écrivains [1].

---

[1] Voir page 69, *Over de rivierversperringen en torpedo's.*

Comme l'on doit, en temps de guerre, placer dans l'Ij des torpilles amarrées par une seule chaîne, je n'ai pas fait faire d'expériences sur l'affourchement des torpilles.

Je dois pourtant reconnaître que, dans cette matière, je manque des connaissances nécessaires pour me permettre de porter un jugement définitif.

Je n'ai pas, du reste, l'intention de tracer ici un programme complet d'expériences à faire, mais je crois pourtant devoir donner mon avis sur quelques précautions qu'il y aurait à prendre à ce sujet.

Si l'on veut faire des expériences pour chercher l'espèce de torpille qui, pour un courant d'une vitesse donnée, s'incline le moins, ou pour mieux dire, celle qui devra être employée par la Compagnie des torpilles, on peut les retenir au fond, chacune par un seul point, dans un même courant et examiner leur position.

Mais les expériences peuvent aussi être faites, comme dans le Volkenrak, en attachant la torpille à deux points dans le lit du courant.

Dans le premier cas, la quantité que l'on cherche, c'est-à-dire l'abaissement de la torpille, peut s'observer directement.

Dans le second cas, en plaçant convenablement les ancres, on peut arriver à obtenir des abaissements égaux pour toutes les torpilles, mais les distances des ancres doivent être très-différentes, suivant la nature des torpilles.

Les meilleures torpilles sont celles dont les ancres doivent être placées le moins loin possible l'une de l'autre.

On dira que les ancres sont bien placées lorsque l'abaissement de la roue ne dépassera pas la valeur facile à calculer qu'elle peut prendre pour une distance donnée de ces ancres.

Les deux manières de déterminer la meilleure forme à donner à la torpille exigent, certainement, beaucoup d'habitude ; mais avec des observateurs également habiles, les chances de succès sont bien plus grandes dans le premier cas que dans le second.

Si une torpille n'est retenue que par un point, la chaîne et la torpille se placeront dans la direction du courant.

En déterminant l'abaissement de la roue, on doit faire attention si la vitesse du courant est la même dans les différents points où sont les torpilles. Quant à la direction du courant il n'y a rien de particulier à mentionner.

Quand on compare plusieurs torpilles fixées chacune en deux points, il n'est pas nécessaire que la vitesse du courant soit la même partout au moment de l'observation, mais il faut noter si, à cet instant, le courant marche bien dans la direction de la ligne des ancres de la torpille qu'on observe.

Une petite erreur ou une négligence de calcul dans la direction du courant enlèvera aux observations toute leur valeur.

Les difficultés qu'il y a à vaincre dans ces observations dépendent naturellement de l'endroit où elles se font.

Les difficultés seront très-grandes dans nos passes du Sud où les courants changent à chaque instant. Il n'y a pas beaucoup de canaux dans notre pays où le courant conserve pendant assez longtemps la même direction, et il est bien plus facile, comme on sait, de mesurer la vitesse du courant que sa direction lorsque l'on veut un peu d'exactitude.

On doit encore remarquer que mes conseils reposent sur cette hypothèse que l'on a ramené les épreuves à leur forme la plus simple et que l'on a évité toutes les complications inutiles à la résolution de la question.

Personne ne peut penser que l'on puisse obtenir des résultats concluants, si, pour déterminer l'abaissement de la roue des contacts, on emploie des torpilles dont la poussée soit très-différente [1].

J'ai eu déjà l'occasion de m'expliquer à ce sujet et de dire qu'à mon avis, dans beaucoup de nos passes, il ne suffira pas de tenir la torpille en deux points pour l'empêcher de s'enfoncer notablement sous l'eau à chaque marée pendant un certain temps.

Si l'on veut placer des torpilles dans une passe où les courants prennent différentes directions et si l'on désire qu'elles soient toujours en état de fonctionner, il faudra tenir chaque torpille au moins par 3 ancres.

Peut-être dans ces passes serait-il plus avantageux de tenir chaque torpille par 4 ancres. C'est-à-dire par un poids très-lourd placé droit au-dessous de la torpille à laquelle il est lié par une tige de fer, puis par 3 chaînes attachées à des ancres placées en trois points différents.

---

[1] Voir page 45 de la brochure du capitaine Geraerds Thesing sur le barrage des rivières et les torpilles.

Tubes de raccord pour câbles et bouchons d'amorce.

Tous les ingénieurs militaires savent que MM. Wheatstone et Abel ont fait des expériences très-importantes sur l'inflammation électrique des torpilles.

Les torpilles employées dans ces expériences étaient de petites torpilles en tôle contenant quelques hectogrammes de poudre.

Dans un rapport adressé en 1860 par ces savants au gouvernement anglais, on trouve la description des procédés employés pour introduire un fil isolé à l'intérieur d'une torpille et pour réunir l'un à l'autre 2 fils conducteurs isolés.

Ce rapport considère comme une chose très-simple de rendre étanche le trou par lequel sort le fil et de relier ensemble deux fils conducteurs [1].

Pourtant quelques années plus tard, l'ingénieur anglais R. Sabine, a fait connaître un bouchon d'amorce et un tube de raccord pour câbles. On peut aussi lire dans le *Times* du 25 janvier 1869, que le quartier-maître sergent Matthieson a reçu du gouvernement anglais 150 livres sterling pour le récompenser de ses inventions relatives aux torpilles, et en particulier de ses tubes d'ébonite pour l'assemblage des conducteurs.

Je ne peux pas faire autrement que de déclarer que les torpilleurs anglais ont reconnu, par expérience, que les procédés suivis par MM. Wheatstone et Abel dans leurs expériences avec leurs petites torpilles ne peuvent, à aucun point de vue, servir de modèle pour le maniement des torpilles véritables.

Comme une torpille doit pouvoir résister aux actions extérieures bien plus énergiquement que les petites torpilles du professeur Abel, il ne faut pas s'étonner que pour atteindre le même but, il faille employer des moyens différents dans l'un et l'autre cas.

Dans les premières expériences que nous avons faites ici, on s'est laissé guider par cette réflexion.

On a, autant que je puis savoir, employé pour laisser passer les conducteurs des bouchons de caoutchouc de forme conique.

---

[1] Un extrait du rapport de MM. Wheatstone et Abel a été inséré dans l'ouvrage de l'ingénieur Von Scheliha, sur la défense des côtes, et a été traduit en hollandais par le capitaine ingénieur H. E. Beckman.

En pressant avec force un bouchon de cette espèce dans un trou de même forme, on peut obtenir une fermeture bien étanche.

Pour mieux presser le bouchon conique dans le trou, on le laisse ouvert par-dessous.

Cette liberté laissée au bouchon de se mouvoir dans le sens de la longueur a été cause que le trou du bouchon traversé par les fils se déformait en s'amincissant.

Il en résultait bien que le bouchon fermait hermétiquement le trou de la torpille, mais que le fil n'était plus complétement entouré par le caoutchouc.

On peut obtenir un passage hermétique du fil dans un bouchon conique, en faisant un trou assez petit pour que le conducteur y entre à force. Alors il suffit, pour obtenir une fermeture hermétique, que le bouchon presse avec force contre les parois métalliques de l'ouverture. Le trou du bouchon n'a pas besoin alors de se contracter pour presser le conducteur de toutes parts. Si tous les conducteurs étaient de même dimension, et si l'on avait un assez grand nombre de bouchons de caoutchouc vulcanisé de même force et de même grosseur, ils rendraient alors de bons services. Comme il n'en est pas ainsi, l'emploi de ces bouchons cause souvent des accidents.

Il est vraisemblable que c'est à la suite d'accidents de ce genre que, dans la compagnie des torpilles, l'on s'est résolu, à l'exemple du professeur Abel, à se servir de presse-étoupes pour les bouchons d'amorces.

A la page 139 de la *traduction hollandaise* de l'ouvrage de l'ingénieur von Scheliha, sur la défense des côtes, publié en 1869, on peut lire les lignes suivantes dues au capitaine du génie H. E. Beekman : « Nous « ne conseillons pas d'employer le second moyen d'assemblage pro- « posé par M. Sabine. L'expérience nous a appris que les bouchons « de caoutchouc épais laissent passer l'eau, lors même qu'ils sont « fortement pressés.

« Le trou qu'on y a pratiqué est déformé.

« La manière dont le professeur Abel introduit l'amorce dans la tor- « pille doit être conseillée au contraire ; elle a donné de bons résultats. « Au lieu de caoutchouc fondu, on emploie de la gutta-percha qui se « refroidit lentement et ferme mieux. »

L'opinion de M. Beekman que le trou du bouchon de caoutchouc reste ouvert, bien que le bouchon soit fortement pressé, repose évidemment sur l'expérience faite avec des bouchons coniques enfoncés dans des trous coniques.

J'ai reconnu, et nous voyons tous les jours, que l'on peut faire contracter le trou d'un bouchon de caoutchouc en pressant fortement sur le bouchon.

Si, en pressant également sur un bouchon de caoutchouc, on a soin que le bouchon ne puisse dévier dans aucun sens, on peut alors non-seulement faire diminuer le trou même, mais le faire disparaître.

La communication du capitaine Beekman sur la méthode adoptée par le professeur Abel pour introduire l'amorce dans la torpille nous a donné de bons résultats ; elle mérite, certainement, d'appeler l'attention de tous ceux qui s'occupent de torpilles.

Je crois qu'il est de mon devoir de faire remarquer que les faits mentionnés par le capitaine Beekman ne s'accordent pas avec ce que le colonel d'artillerie Von Preuschen a publié dans son rapport sur les travaux de la compagnie des torpilles en 1867, 1868.

On lit entre autres choses dans ce rapport :

« Pour fermer hermétiquement les torpilles, il faut faire attention
« au trou par lequel passent les fils conducteurs : c'est par là que l'eau
« s'introduit le plus souvent, surtout dans les grandes profondeurs.
« Comme les expériences n'ont été faites, jusqu'ici, que par un petite
« profondeur, on a préparé une torpille en fer semblable aux torpilles
« dormantes qui servent pour les exercices, et pendant un mois on l'a
« placée par 10 mètres d'eau, avec une bouteille dont le bouchon était
« traversé par deux conducteurs et garni de résine.
« Cette expérience n'a pas donné de très-bons résultats ; la bouteille,
« est restée intacte, mais on a trouvé un peu d'eau dans la torpille ;
« pourtant on a pu faire sauter avec l'exploseur et l'amorce et la poudre.
« On a recommencé l'épreuve en fondant, sur le bouchon de la bou-
« teille, du caoutchouc au lieu de résine : le résultat a été moins bon.
« Alors on a essayé deux autres substances : l'asphalte et la gutta-
« percha. »

Lorsque j'entrepris, en 1867, quelques expériences sur les torpilles, j'ai eu l'idée d'entrer dans une autre voie que celle qu'avait suivie le professeur Abel pour obtenir une fermeture hermétique des torpilles.

Je commençai par acheter des bouchons en caoutchouc, demi cylindriques et demi coniques.

Ces bouchons furent pressés par une garniture creusée coniquement dans une cavité cylindrique dont le fond portait un trou traversé par le conducteur. C'est la première forme que j'aie donnée aux bouchons d'amorce.

Les ouvertures des torpilles garnies de ces bouchons ne laissent rien à désirer. Elles ont, il est vrai, l'inconvénient que la pression du bouchon contre le fil est assez grande pour briser le fil dans son enveloppe, quand on tourne trop fortement l'écrou qui repose sur la bague. Comme il arrivait que le fil de cuivre pouvait se briser dans son enveloppe par la pression du bouchon, je me suis décidé à faire des expériences pour voir si l'on pouvait, avec de véritables torpilles, employer des coiffes de caoutchouc semblables à celles qui avaient si bien réussi dans les expériences faites avec des bouteilles de verre pleines de poudre.

Bien que ces coiffes aient toujours donné de bons résultats, leur usage soulève un doute comme celui des bouchons de caoutchouc coniques, à savoir que le condueur ne peut y être introduit qu'avec peine.

Elles peuvent s'étendre bien plus facilement que les bouchons de caoutchouc, ce qui permet d'employer des coiffes dont le diamètre diffère notablement de celui des conducteurs, tandis qu'il doit y avoir moins de différence entre les conducteurs et le trou des bouchons qu'ils doivent traverser.

Tant que nous n'avons employé que les conducteurs revêtus de gutta-percha avec une seule âme, nous avons parfaitement réussi avec des coiffes.

Lorsque le fabricant anglais, après nous avoir fait longtemps attendre un conducteur dont nous avions grand besoin, nous a envoyé un fil couvert de caoutchouc vulcanisé qui différait notablement en diamètre et en solidité du modèle pour lequel les coiffes avaient été fabriquées, nous fûmes obligés, pour employer ensemble le fil et les coiffes, de nous servir d'une allonge en cuivre, qu'il fallut faire exprès.

Le retard que subirent alors les opérations auxquelles nous devions nous livrer me décida à essayer, une autre fois, si nous pouvions faire fabriquer un bouchon d'amorce dont les dimensions fussent plus indépendantes de la grandeur du conducteur à employer.

Après quelques tentatives infructueuses, nous réussîmes, avec l'aide du mécanicien de 1re classe, M. Vlaanderen, à faire confectionner un bouchon d'amorce très-simple avec un bouchon cylindrique et un anneau de serrage.

Je l'ai déjà décrit à la page 5 de mon rapport sur les torpilles, publié dans le 11ᵉ volume des *Mededeelingen betreffende het Zeewezen*. (Voir ce rapport publié dans la *Revue maritime*, mois de septembre.)

Dans les expériences faites en 1869, sous ma direction, nous avons eu à lutter souvent contre la force du vent et une grosse mer.

La mer était particulièrement gênante pour mettre les torpilles en place sous le radeau.

En les mettant en place, il nous est arrivé une fois que la torpille, bien que retenue encore à la chaloupe par une amarre, est venue frapper le radeau avec tant de force que le cuivre du conducteur s'est brisé au bouchon d'amorce.

Cet accident m'a engagé à mettre sur la fermeture du bouchon d'amorce un autre tube de cuivre assez large pour protéger le conducteur revêtu d'une armature en fil de fer (câble télégraphique).

Dans les figures 27 et 28, on voit ce bouchon d'amorce perfectionné. Le corps du bouchon A, I un écrou, C un anneau de serrage, BE le tube de serrage; tout cela est en cuivre. L'épaisseur de la torpille est en G, F est un anneau de caoutchouc au-dessous de la paroi de la torpille, I est un écrou destiné à presser cette bague de caoutchouc entre la portée K du bouchon d'amorce et la paroi de la torpille.

Le bouchon de caoutchouc D, a un diamètre plus petit que celui du tube dans lequel il est pressé. Il repose sur la surface supérieure de l'évidement dont l'orifice laisse passer le fil conducteur isolé.

Le diamètre de l'anneau de serrage C est aussi plus petit que celui du bouchon de caoutchouc.

Pour diminuer l'action électrique qui se produit entre le cuivre du bouchon d'amorce et le fer de la torpille, on peut, entre l'écrou I et la paroi G de la torpille mettre aussi un anneau de caoutchouc. Sur le dessin on n'en a pas mis parce qu'il est inutile pour assurer une fermeture hermétique.

En vissant le tube B, l'anneau de serrage C presse dans la cavité cylindrique sur le bouchon de caoutchouc qui appuie sur le conducteur et sur les parois de la cavité.

En serrant l'écrou I, l'anneau de caoutchouc F, pressé entre la portée K et la paroi G de la torpille assure une fermeture hermétique.

Si, dans un bouchon d'amorce comme celui de la figure 7, on n'introduit aucun fil, on peut, pourtant, en serrant le tube B avec la main aplatir assez le bouchon de caoutchouc pour que le trou du bouchon ne soit plus visible.

Sur une longueur d'environ un mètre au bout du cable de la torpille on établit une garniture en fil de fer. A l'endroit où finit cette garniture, on enlève la garniture de chanvre. La partie qui n'est recouverte ni par le fil de fer ni par le chanvre et qui est pourtant isolée, est introduite par l'ouverture du tube de serrage, par le trou de l'anneau C, par le bouchon de caoutchouc D et par l'ouverture A du bouchon d'amorce jusqu'à ce que la garniture de fil de fer vienne à toucher le fond du tube E. Le câble est alors saisi par le col du tube E, et par un point à l'endroit où il entre dans la torpille.

Le bouchon d'amorce qui vient d'être décrit s'emploie avec les torpilles dormantes. Celui des torpilles automatiques est représenté dans les figures 29 et 30.

Tous deux reposent sur le même principe; ils ne diffèrent que par leur forme extérieure.

Dans mon rapport du 28 décembre 1868, n° 172, j'ai déjà eu l'honneur de dire que nous avions fait quelques expériences sur les tubes d'assemblage construits d'après un modèle proposé et recommandé par l'ingénieur anglais, M. Sabine, pour réunir les câbles des torpilles.

En 1868, je reçus de MM. Peck et Cie, d'Amsterdam, un tube d'assemblage de M. Gray, ingénieur de la *India Rubber, gutta-percha and telegraphworks company* de Silvertown, et nommé par lui le connecteur de Matthieson.

La différence entre le connecteur de Mathieson et le tube d'assemblage qui avait été construit à Amsterdam sur les dessins de M. Sabine consiste en ce que le corps est tout entier en ébonite, tandis que celui du tube d'assemblage était fait de cuivre, renfermant un tube d'ébonite.

Les expériences faites avec cet instrument nous ont appris que l'on peut obtenir une bonne liaison de deux câbles aussi bien avec l'un qu'avec l'autre, comme par exemple lorsqu'on veut laisser au fond de l'eau, pendant plusieurs semaines, un bout de câble isolé, par 6 à 10 mètres d'eau.

Quand nous avons mieux connu les propriétés de la bague de caoutchouc vulcanisé, nous avons compris pourquoi l'on n'avait pas obtenu de bons résultats avec les tubes d'assemblage de Sabine et de Matthieson.

M. R. Sabine a cherché, en indiquant son bouchon d'amorce et son tube d'assemblage, à opérer une fermeture hermétique au moins en un point.

Dans les deux instruments le bouchon de caoutchouc presse contre le conducteur et contre les parois de la cavité, tandis que la bague de caoutchouc est pressée entre les deux parties pour ne rien dire de la petite coulée de caoutchouc.

Il est peut-être possible, d'après les recherches de Sabine, de construire un bouchon d'amorce et un tube d'assemblage dans lesquels un anneau et un bouchon donnés puissent, en serrant un seul écrou, être comprimés à un degré convenable, mais en se servant souvent de ces instruments on reconnaîtra que le bouchon perd de sa résistance plus que l'anneau, et par suite celui-ci empêche de comprimer convenablement le bouchon.

Je crois que, en règle générale, l'anneau ne doit rendre aucun service, mais nuire plutôt au bon office du bouchon.

Les expériences faites avec le tube d'assemblage de MM. Sabine et Matthieson m'ont engagé à faire construire un très-bon tube d'assemblage, et je crois devoir le faire connaître ici.

Il serait superflu de parler des bouchons et des tubes que l'on employait autrefois, que nous avons essayés et qui ont été rejetés.

La disposition employée dans la marine pour réunir les câbles est construite par MM. Boosman et Cie d'Amsterdam, d'après le dessin de M. J. Van der Mandele, lieutenant de marine de deuxième classe.

Le projet de cet officier repose sur ce fait que les bouchons de caoutchouc constituent de très-bonnes garnitures.

Nous avons appris à connaître cette propriété du caoutchouc dans les bouchons d'amorce déjà en usage dans la marine; je la signale dans mon rapport du 28 décembre 1868, inséré dans le 11e volume des *Mededeelingen*.

Ce tube, extrêmement simple et bien imaginé, a toujours bien fonctionné. Il est représenté figures 28 *bis* et 29 *ter*.

E est un tube de cuivre dont le diamètre intérieur est de 21%.

D est un tube d'ébonite placé à l'intérieur.

AA sont deux bouchons cylindriques en caoutchouc.

BB sont deux anneaux de serrage.

CC sont deux bouchons à vis.

Le diamètre extérieur des bouchons de caoutchouc est plus petit que celui du tube de cuivre.

Le trou des bouchons de caoutchouc peut et doit être pris assez gros pour qu'un câble dégarni de fil de fer et de chanvre puisse le traverser facilement.

En se servant de ce tube il ne faut pas couper le fil de fer des deux parties du câble que l'on veut assembler, mais le rouler autour du bouchon C.

Cette disposition a pour but de protéger le tube contre les chocs extérieurs et d'empêcher que les bouchons ne se dévissent.

Il est très-important dans ces instruments d'employer des bouchons de caoutchouc assez gros.

L'efficacité des bouchons de caoutchouc comme garniture dépend de la relation entre le diamètre du bouchon et le diamètre du trou qui le traverse.

Nous étions déjà en possession d'un bon tube d'assemblage, lorsque M. Guilleaume, de l'usine Felte et Guilleaume à Kenlen, m'envoya un tube d'assemblage qui diffère du nôtre, en ce que les bouchons ne sont pas tout à fait cylindriques, et sont un peu plus petits que les nôtres.

Les petites dimensions du bouchon dans le tube de M. Guilleaume sont sans doute cause que l'expérience ne lui a pas été favorable quand on l'a employé pour réunir deux de nos câbles.

Instrument de relèvement.

Au commencement de l'année 1868, j'obtins l'autorisation de faire construire par MM. Boosman et C⁰, d'Amsterdam, deux instruments de relèvement.

Ces instruments sont destinés à faire des observations pour déterminer l'instant où il faut enflammer la torpille dormante.

Les instruments décrits par les différents écrivains qui se sont occupés de torpilles, et ceux que Maury a recommandés dans ses leçons, sont tous sans exception, à mon avis, des instruments très-imparfaits et incapables de servir convenablement.

Comme nous ne connaissions aucun instrument bien construit et destiné à cet usage, ni MM. Boosman ni moi nous n'entreprîmes d'en construire un.

On ne peut faire aucun projet d'instrument, fût-il très-simple, si l'on ne connaît pas bien les conditions qu'il doit remplir, et, en général, on ne connaît bien ces conditions que lorsqu'on a personnellement fait les épreuves ou au moins vu faire les épreuves auxquelles il doit être soumis.

Je dois avouer que lorsque j'ai commencé les expériences sur l'Ij avec des instruments de relèvement si défectueux, je connaissais les conditions que devait remplir un bon instrument.

Tout ceci fut cause qu'en mars 1869, la marine entra en possession de deux bons instruments de relèvement.

Ces instruments, construits sur le même modèle, sont disposés pour mesurer les angles dans un plan horizontal. Ils se composent d'un cercle en cuivre dont le bord est partagé, et au centre duquel se trouve un axe mobile auquel sont fixées une alidade et une lunette (*fig.* 31 et 32).

Le cercle de cuivre P (*fig.* 33), l est lié par les rayons E à la colonne de cuivre L (*fig.* 32.)

Le bord du cercle D est partagé en demi-degrés.

Sur la surface du cercle se meut une alidade C (*fig.*   ), attachée à la colonne U.

Les axes des colonnes U et L sont dans le prolongement l'un de l'autre, ou en d'autres termes, les colonnes U et L ont le même axe mathématique perpendiculaire à la surface du cercle D.

La colonne U est liée à la colonne L à peu près de la même manière que l'alidade du sextant et le corps de l'instrument sont liés l'un à l'autre, au centre de la division.

L'alidade C peut alors se mouvoir autour d'un axe perpendiculaire au plan du cercle D.

Aux deux extrémités de l'alidade se trouvent des verniers à l'aide desquels on peut lire la minute.

Sur la tranche du corps cylindrique du cercle D on a fixé une bande de parchemin K (*fig.* 33).

Sur ce parchemin se meut en même temps que l'axe des colonnes U et L un curseur I lié au vernier (*fig.* 32).

Les deux niveaux à bulle d'air H, perpendiculaires l'un à l'autre, servent à mettre l'instrument horizontal au moyen des vis M.

La lunette A se fixe dans la douille B, et au moyen de la vis V on peut la faire mouvoir dans un plan perpendiculaire à celui de l'instrument et par suite vertical, lorsque le plan de l'instrument est horizontal.

La lunette est placée par rapport à l'alidade de telle sorte que le plan passant par la ligne imaginaire qui réunit les deux zéros, et par l'axe mathématique des colonnes U et L, est perpendiculaire au plan qui passe par cet axe et par l'axe optique de la lunette.

Comme la position relative de l'alidade et de la lunette a pour but de faire en sorte que l'observateur qui vise dans la lunette ne soit pas gêné par celui qui relève la position du curseur I, il n'est pas indispensable de rendre ces deux plans très-exactement perpendiculaires.

A l'alidade est fixé un bouton moleté G, portant un pignon qui engrène avec une roue dentée F, assujettie sous l'alidade à l'intérieur du cercle.

En tournant le bouton G, on fait tourner à la fois l'alidade et la lunette.

La table sur laquelle est placé l'instrument d'observation se compose de trois pieds solidement enfoncés dans le sol. Ils sont recouverts par une plate-forme circulaire de fer zingué fixée sur eux au moyen de trois vis.

Au milieu du pied de l'instrument est une cavité hémisphérique, et au milieu de la plate-forme est un ressort d'acier terminé par un bouton.

En mettant l'instrument sur la table, on fait en sorte que la cavité repose sur le bouton du ressort.

La plate-forme se place horizontalement à l'œil. Pour donner à l'instrument une stabilité suffisante, le ressort doit laisser aux vis de calage M plus de liberté qu'il n'est utile pour mettre le cercle horizontal.

Pour mettre en place une torpille dormante, il faut faire les opérations suivantes:

Aussitôt que la lunette est bien dirigée sur la torpille ou sur une bouée placée au-dessus d'elle, on trace sur le parchemin K fixé sur le bord du cercle et le long du curseur I un trait au crayon, et à côté de cette ligne le numéro de la torpille relevée.

On lit alors la position des verniers et l'on en prend note.

Quand on a fini de relever toutes les torpilles on trace sur le parchemin et dans toute sa hauteur de grandes lignes verticales.

Ces traits donnent la direction de la torpille, tandis que les grandes lignes font connaître les limites, en dehors desquelles on pense que la torpille en sautant n'exercerait aucun effet utile.

Un plan mené par l'axe U de l'instrument et par un trait sera perpendiculaire au plan passant par l'axe et par la torpille dont la position est déterminée par le trait.

On peut dire d'après cela que les traits indiquent la position des torpilles dont ils portent les numéros.

Pour éviter de longues descriptions et des répétitions, je prendrai la liberté de représenter par ces traits la direction des torpilles, et par les grandes lignes les limites de la zone d'action des torpilles.

Il est naturellement très-désirable que les torpilles soient placées assez près l'une de l'autre pour que deux torpilles consécutives aient leurs zones d'action tangentes.

Dans ce cas les numéros sont écrits entre ces lignes : ainsi 5 est écrit entre les limites d'action de la torpille 4 et de la torpille 6 (*fig.* 33).

Outre les directions des torpilles, il faut aussi relever quelques points faciles à reconnaître, comme un moulin ou une tour, et marquer leur position sur le parchemin.

Il ne faut jamais oublier de lire et de noter la position des verniers.

La connaissance des degrés ainsi lus ne peut dans quelques cas être remplacée par celle des limites d'action. Elle servira toujours à pointer sur la carte des stations et des torpilles, et pour retrouver les positions des torpilles, si les lignes étaient effacées sur le parchemin ou si pour d'autres raisons on ne devait pas s'en servir.

Pour déterminer le moment auquel on doit faire sauter la torpille, on se servira des lignes tracées sur le parchemin.

La même personne peut suivre le curseur I dans son mouvement et fermer un ou plusieurs numéros d'un rhéotome.

On devra placer les différents rhéotomes au-dessous de l'instrument de relèvement, pour que l'observateur, qui est chargé de lire le curseur I sur le parchemin, puisse voir à la fois le curseur et le bouton du rhéotome.

Si l'on doit employer avec l'instrument un grand nombre de torpilles, il est commode de se servir de rhéotomes numérotés de un à dix, qu'il suffira de presser pour fermer le courant. On placera les rhéotomes un à dix sur le bord de la table, ceux des torpilles 11, 12, 20 un peu plus loin au milieu, etc.

Nos nouveaux instruments de relèvement ont ce grand avantage que la personne qui est chargée de prendre les relèvements, c'est-à-dire de suivre à la lunette un navire ennemi, n'a pas besoin de s'occuper de lire les divisions de l'instrument.

Si plusieurs navires ennemis passaient en même temps sur une ligne de torpilles, l'observateur devrait diriger sa lunette sur un des navires qui lui est désigné.

Dans tous les cas il devra concentrer toute son attention sur le navire en question.

Dans les expériences faites sous ma direction avec ces instruments, les torpilles dormantes (ou plutôt des torpilles flottantes) étaient placées à 20 mètres l'une de l'autre sur une ligne droite, à la station de Immetjeshorn.

A la station de Zeeburg on avait installé un nouvel appareil de relèvement. Sur le bord du parchemin étaient tracées les directions des différentes torpilles.

Comme les torpilles n'étaient qu'à 10 mètres l'une de l'autre j'ai pu admettre que les limites d'action de deux torpilles consécutives étaient communes.

On traça alors les lignes sur le parchemin au milieu de la distance des traits.

La figure 33 représente exactement les traits et les lignes tracés sur le parchemin de l'instrument placé à la station d'expériences de Zeeburg.

La distance entre la station de Zeeburg et la torpille la plus rapprochée était environ de 1,300 mètres.

L'autre instrument de relèvement était à la station de Immetjeshorn. Il est évident qu'à cette station on aurait pu installer un viseur fixe placé dans le plan vertical passant par la ligne des torpilles et l'œil de l'observateur [1].

Les navires relevés étaient un sloop à vapeur et le remorqueur de l'arsenal, à Amsterdam.

Dans mes rapports du 19 janvier et du 28 décembre 1868, j'ai décrit

---

[1] Voir mon rapport dans le 11e vol. des *Mededeelingen*.

dans les plus petits détails la manière dont je crois qu'il faudrait faire les expériences.

Comme ces rapports sont publiés, et que les expériences de 1869, ont été faites dans le même esprit, je crois pouvoir dire maintenant que les nouveaux appareils de relèvement ont été reconnus excellents et que l'on pourrait les employer avec un grand nombre de torpilles placées sur une même ligne, à 10 mètres l'une de l'autre, aux approches de Durgerdam [1].

Exploseurs et torpilles.

Le 21 octobre 1867, la maison Kipp et fils, de Delft, livra à la marine un appareil dynamo-électrique de Siemens et Halske. Si je suis bien informé, on acheva à la même époque à la fabrique de MM. Siemens et Halske, à Berlin, une espèce de machine dynamo-électrique, et ces instruments furent destinés à enflammer simultanément six mines.

La machine rotative livrée à la marine, en 1867, a été reconnue excellente dans toutes les épreuves auxquelles elle a été soumise en 1867 et en 1868.

J'ai fait un rapport officiel sur les bons résultats obtenus avec cet exploseur dans diverses circonstances.

Dans mon rapport du 28 décembre 1868, n° 172, on trouve entre autres choses le récit de quelques expériences faites sous ma direction avec des exploseurs et des amorces. Il en est résulté que l'appareil Siemens et Halske convient parfaitement pour enflammer simultanément un grand nombre d'amorces.

Quand j'obtins, en décembre 1868, l'autorisation d'acheter pour la marine un nouvel appareil à rotation, le fabricant demanda si je voulais un appareil capable d'enflammer douze amorces en même temps.

Comme je n'hésitai pas à répondre affirmativement, la marine, au mois de mars 1869, fut mise en possession d'un second appareil dynamo-électrique de Siemens et Halske, un peu plus grand que celui qu'elle possédait déjà.

Mes succès avec nos exploseurs m'empêchèrent de croire que l'appareil Siemens et Halske n'eût pas donné partout de bons résultats et

---

[1] Voir mon rapport dans le 11e vol. des *Mededeelingen*.

que quelques torpilleurs néerlandais l'eussent accueilli moins favorablement que moi.

J'en trouve la preuve dans un rapport adressé, en juillet 1869, par le colonel d'artillerie A. L. von Preuschen. On y lit entre autres choses que l'exploseur Siemens n'a pas l'avantage de permettre d'enflammer simultanément un grand nombre d'amorces.

Ce rapport fait connaître les travaux de la compagnie des torpilles, en 1867 et 1868, et conclut en disant :

« En raison de l'insuffisance de l'exploseur Wheatstone, on a dans
« ces derniers temps exclusivement employé l'exploseur Siemens, que
« l'on avait reçu en mars.

« Les expériences ont été faites avec deux tourets chargés de
« 1400 mètres de fil conducteur et avec une seule bobine de fil et
« deux plaques de terre (*fig.* 34 et 35).

« Après avoir tourné longtemps, 4 torpilles d'épreuves s'enflammè-
« rent tout d'un coup, aussi bien avec une disposition qu'avec l'autre.

« On a essayé de mettre 6 amorces dans le circuit, 4 sont parties et
« les 2 autres sont parties plus tard et séparément.

« Au lieu de laisser le touret à l'air, comme dans l'expérience précé-
« dente, on le mit sous l'eau et l'on ne put enflammer que 3 amorces,
« encore après avoir tourné assez longtemps (*fig.* 36).

« On a mis 4 amorces dans le circuit, et en faisant deux tours à
« l'exploseur aucune amorce n'est partie.

« On doit attribuer au mauvais isolement du fil ce fait, qu'avec le
« touret placé sous l'eau, on enflammait moins facilement les amorces,
« une partie du courant se perdant dans l'eau.

« De ces épreuves il résulte que l'exploseur Siemens ne possède
« pas la propriété de faire sauter plusieurs amorces, tandis qu'il est
« très-convenable pour enflammer une torpille à grande distance. »

En présence du jugement, à quelques points de vue défavorable, porté sur l'exploseur Siemens par un officier si compétent au point de vue de la technologie militaire, j'ai cru qu'il était de mon devoir de faire encore quelques expériences pour m'assurer que les exploseurs qui appartiennent à la marine, possédaient bien toutes les qualités que je leur avais déjà reconnues en 1868.

Je ne crois pas qu'il soit souvent utile à la guerre de faire partir dans un même circuit et simultanément un grand nombre de torpilles, mais il est très-important que les torpilleurs possèdent le moyen d'enflammer simultanément le nombre d'amorces qu'ils voudront.

Dans beaucoup de circonstances, l'inflammation plus ou moins complète de la charge et par suite le plus ou moins d'effet produit dépendent du nombre d'amorces qui prennent feu en même temps au milieu de la poudre.

Ainsi, d'après les expériences faites à Brielle, et dont je parle ici, on voit qu'on a enflammé simultanément non pas plusieurs amorces placées sous l'eau, mais bien des amorces déposées sur le rivage, et qu'on en a conclu que l'exploseur ne pourrait faire sauter en même temps plusieurs torpilles, tandis que j'ai cru pouvoir affirmer, d'après mes propres expériences, qu'avec les exploseurs de la marine on pouvait faire partir simultanément un certain nombre d'amorces [1].

Dans le but de comparer à tous les points de vue les exploseurs de la marine et ceux de la compagnie des torpilles, je disposai les expériences suivantes comme avaient été disposées celles de Brielle, rapportées dans le mémoire qui vient d'être mentionné.

Ces expériences furent faites les 5, 7, 23 février 1870, avec les deux appareils de Siemens et Halske, qui appartiennent à la marine, avec des amorces Abel, ainsi qu'avec des amorces expérimentales.

Les amorces de Delft employées dans ces expériences ont été reçues par moi en décembre 1869.

Les amorces expérimentales de Delft m'ont été livrées le 30 janvier 1869.

Les amorces anglaises et les amorces expérimentales m'ont été envoyées le 25 octobre 1869.

Les amorces Ebner ont été fabriquées à l'atelier de pyrotechnie de Delft et m'ont été fournies le 12 avril 1869.

Les amorces et les amorces expérimentales qu'il s'agissait de faire sauter simultanément ont été ou bien assemblées les unes à la suite des autres, ou bien indépendamment l'une de l'autre avec l'exploseur.

En disant que les amorces sont accouplées ou assemblées les unes à la suite des autres, j'entends que l'un des pôles de l'exploseur est lié à un des fils d'une amorce dont le second fil est attaché à l'un des fils de l'amorce suivante et ainsi de suite, de sorte que le second fil de la dernière amorce est attaché au second pôle de l'exploseur ou à une plaque de terre.

---

[1] Voyez mes rapports dans la 11° livraison et dans la 9° livraison des *Mededeclingen betreffende het Zeewezen*.

Quand les amorces sont assemblées indépendamment les unes des autres, je veux dire que le fil relié aux pôles de l'exploseur se partage en autant de branches qu'il y a d'amorces, alors chaque amorce est reliée par ces deux fils aux deux pôles de l'exploseur.

Les expériences ont d'abord été faites avec un câble immergé et ensuite avec deux câbles placés sur le quai, mais dans les deux cas avec des plaques de terre.

Dans la première disposition, un touret chargé d'environ 1,100 mètres de câble était immergé, mais les deux bouts du câble se trouvaient sur le quai.

L'un des bouts était fixé à une plaque plongée dans l'eau, tandis que l'autre bout était attaché à l'un des pôles de l'exploseur. L'autre pôle était attaché à une deuxième plaque de terre.

Les amorces à enflammer étaient placées sur un fil isolé entre le câble placé sur le touret et une plaque de terre (*fig*. 36).

De 12 amorces de Delft accouplées, aucune ne part, même après avoir tourné longtemps le grand exploseur.

Qu'il me soit permis de rappeler ici que, dans l'exploseur Siemens et Halske, le courant d'induction est engendré par le mouvement d'un contact, qui de deux en deux tours est soulevé pendant un instant très-court, ce qui lance dans le circuit un courant d'une très-faible durée, mais d'une grande tension.

On a accouplé 11 amorces de Delft, et après 4 révolutions de la manivelle elles partent simultanément.

On accouple 16 amorces expérimentales de Delft, et après avoir longtemps tourné la manivelle aucune amorce ne part.

On accouple 14 amorces de Delft, et après avoir tourné longtemps la manivelle aucune amorce ne part.

On accouple 14 amorces de Delft, et après 2 tours de manivelle 4 amorces partent en même temps. A partir de l'exploseur, ce sont les numéros 4, 6, 7, 10.

On accouple 13 amorces de Delft, et après 2 tours de manivelle elles partent toutes ensemble.

On assemble 14 amorces de Delft avec le grand exploseur, après 2 tours de manivelle une seule amorce part.

On continue à tourner la manivelle, et aucune des 13 autres amorces ne part.

Dans mon rapport du 28 décembre 1868, j'ai déjà fait remarquer que ce fait, qui n'est pas mentionné ici pour la première fois, tient à cette circonstance que la conductibilité d'une amorce de Delft après son inflammation est très-grande.

Je pense qu'il faut compter cette propriété au nombre des inconvénients qui entraîne l'emploi de ces amorces.

En enlevant cette amorce, 2 des 13 amorces restantes sautent ensemble.

On les enlève, une des 12 autres part.

On l'enlève encore, et 2 des 11 autres partent ensemble.

En continuant de la sorte, une ou deux amorces partent tour à tour jusqu'à l'épuisement des 14 amorces.

On assemble au grand exploseur 12 amorces expérimentales de Delft, une seule part.

On l'enlève, et 2 des 11 partent ensemble.

On continue, et de la sorte on les fait sauter toutes par une ou par deux à la fois.

On assemble au grand exploseur 14 amorces anglaises, après 2 tours de manivelle elles partent toutes ensemble.

On accouple 16 amorces anglaises au grand exploseur, après 2 tours de manivelle elles partent toutes.

On assemble au grand exploseur 14 amorces anglaises, après 4 tours de manivelle elles sautent toutes ensemble.

En accouplant successivement 14, 13, 12, puis 11 amorces Ebner on ne peut en faire sauter aucune.

On assemble 10 amorces Ebner, une seule saute.

On l'enlève, une des 9 autres saute à son tour.

On l'enlève encore, aucune des 8 dernières ne saute.

En enlevant du circuit une amorce, il ne reste plus que les amorces 8, 7, 6, 5, 4, 3, aucune ne saute.

On en laisse 2, aucune ne saute.

On n'en laisse plus qu'une, on ne parvient pas à la faire sauter.

On la fait sauter en la mettant dans un circuit très-court sans plaque de terre entre les deux pôles du grand exploseur.

On en assemble d'abord, 7 puis 6 amorces Ebner avec le grand exploseur, aucune ne part.

On accouple 12 amorces de Delft, après avoir tourné longtemps le petit exploseur, aucune ne part.

On accouple 11 amorces de Delft, après avoir fait 4 tours de manivelle au petit exploseur, 10 partent ensemble.

On accouple 12, puis 11 amorces expérimentales de Delft, et après avoir longtemps tourné la manivelle aucune ne part.

On accouple 10 amorces de Delft, et après 2 tours de manivelle du petit exploseur elles partent toutes.

On assemble 12 amorces de Delft avec le petit exploseur, et 3 seulement sautent.

On accouple 14 amorces anglaises, après 2 tours de manivelle du petit exploseur, 8 amorces sautent ; ce sont les numéros 3, 6, 8, 10, 11, 12, 13, à partir de l'exploseur. On continue à tourner, mais sans succès tant que les amorces sautées sont dans le circuit.

On enlève les 8 amorces enflammées et on les remplace par 3 amorces neuves, et les 9 amorces partent alors en même temps aussitôt qu'on lance le courant.

On accouple 16 amorces Abel, et après 2 tours de manivelle 14 partent. Les numéros 8 et 11 à partir de l'exploseur ratent.

En continuant à tourner, rien ne part plus.

On accouple 12 amorces anglaises dont font partie les numéros 8 et 11 ; après 2 tours de manivelle du petit exploseur, toutes partent ensemble.

On assemble au petit exploseur 12 amorces anglaises, après 2 tours de manivelle elles partent toutes.

Pour essayer nos exploseurs de la seconde façon, on met les amorces et les amorces expérimentales que l'on veut faire partir ensemble sur un fil isolé, entre 2 câbles enroulés sur des tourets placés sur le quai.

Un de ces câbles a 2,360 mètres et l'autre 2,422 mètres de long.

Un des pôles de l'exploseur est attaché à l'un des bouts du câble le plus long (2,422 mètres), et l'autre pôle à une plaque de terre.

L'un des bouts du câble le plus court est lié à une plaque de terre (*fig.* 37).

On accouple dans le circuit 12 amorces de Delft, après 2 tours de manivelle du petit exploseur 10 amorces sautent ensemble.

En entendant le bruit de l'explosion, on cesse de tourner.

On recommence à tourner sans enlever les amorces parties et sans rien changer à la conductibilité, 2 amorces sautent encore.

On accouple 16 amorces de Delft, et après 2 tours de manivelle du petit exploseur 7 amorces sautent.

On continue à tourner l'exploseur sans enlever les amorces parties, 1 amorce saute encore.

On accouple 10 amorces de Delft, sur lesquelles 2 avaient été faites en 1868, et après 2 tours de manivelle du petit exploseur 9 amorces sautent.

En continuant à tourner rien ne part plus, mais en enlevant les amorces parties, la 10ᵉ saute après 2 tours de roue.

On assemble 3 amorces de Delft au petit exploseur, et après 2 tours de manivelle une seule amorce part. Aucune amorce ne part plus, bien qu'on continue à tourner. On enlève l'amorce partie, et après 2 tours les 2 autres amorces sautent.

On accouple 16 amorces anglaises, et après 2 tours de manivelle 8 amorces sautent.

On continue à tourner, rien ne part.

On enlève les amorces parties et on les remplace par 4 amorces neuves, et sur ces 12 amorces 7 partent après 2 tours de manivelle.

On enlève ces 7 amorces et on les remplace par 4 amorces neuves, et après 2 tours de manivelle elles sautent toutes.

On accouple 10 amorces expérimentales anglaises, et après 2 tours de manivelle elles sautent toutes.

On assemble au grand exploseur 40 amorces anglaises, et après 14 tours de manivelle elles sautent toutes.

On recommence l'expérience, mais en donnant 2 tours de manivelle; alors, sur les 40 amorces, on voit sauter les numéros 3, 4, 6, 5, 9, 8 et 11.

On assemble avec le petit exploseur 40 amorces anglaises, et après 7 tours de manivelle elles partent toutes.

On recommence alors et l'on s'arrète tout d'un coup; après 2 tours 18 amorces sautent sur les 40 en ne produisant qu'un seul bruit.

On assemble avec le petit exploseur 12 amorces expérimentales anglaises, et après 2 tours de manivelle elles sautent toutes.

On accouple 5 amorces Ebner, aucune ne part.

On enlève du circuit 1 de ces 5 amorces, et des 4 restantes une seule part après qu'on a tourné longtemps.

On enlève cette amorce puis on tourne, une seule part. On l'enlève et l'on continue ainsi, les amorces partant l'une après l'autre.

On accouple de nouveau 5 amorces Ebner aucune ne part.

On en enlève une, et des 4 restantes une seule saute.

On continue ainsi à les faire sauter l'une après l'autre, sauf la dernière qui ne part ni avec le petit exploseur, ni avec le grand, même en supprimant le long fil qui forme le circuit.

On recommence avec 5 autres amorces Ebner, mêmes résultats. On ne peut pas non plus enflammer la dernière.

On assemble 3 amorces Ebner avec le petit exploseur, 2 sautent ensemble.

La 3ᵉ ne part pas, bien que l'on continue à tourner.

On enlève les 2 amorces parties et la dernière saute.

Dans chacune des trois expériences faites avec les amorces Ebner on a enlevé une amorce; on assemble ces 3 amorces avec le petit exploseur elles partent ensemble.

Je conclus donc des expériences que je viens de rapporter, que les appareils électro-dynamiques de Siemens et Halske, qui appartiennent à la marine, possèdent bien certainement la propriété de pouvoir enflammer simultanément un grand nombre d'amorces.

La différence entre les résultats fournis par les expériences d'Amsterdam et de Brielle, avec les exploseurs de Siemens et Halske, est grande, assurément.

Je ne peux pas actuellement expliquer la discordance de ces résultats autrement qu'en disant, qu'à Brielle, on a employé ou des amorces de mauvaise qualité ou bien un exploseur en mauvais état [1].

La première de ces hypothèses me paraît la plus probable.

Je ne dois pas omettre de signaler ici que le premier lieutenant de la Compagnie des torpilles, J. C. F. Van Houtum, a publié un fait d'où l'on pourrait déduire que les amorces employées à Brielle sont bien plus sensibles que celles que la marine a fournies jusqu'ici. Il s'exprime ainsi :

« Avant de poursuivre, nous devons rapporter un phénomène
« assez curieux qui se produit dans un fil isolé de 200 mètres au
« moins, placé sous l'eau. Si l'on attache (*fig.* 39) un des fils d'une
« bobine d'induction à l'un des bouts d'un fil isolé et immergé, et
« qu'on mette l'autre bout en contact avec une plaque de terre *y*,
« puis qu'on attache à l'autre bout du fil une amorce isolée sans lui
« donner la terre, on enflamme l'amorce en mettant l'exploseur en
« action.

---

[1] Siemens a construit jadis une autre espèce d'exploseur. Le premier appareil de Siemens et Halske date de 1866, d'après Abel.

« Quelques personnes attribuent ce phénomène à un défaut d'isole-
« ment, d'autres à la charge électrique du fil conducteur. Je pense,
« bien que l'on ne puisse pas avoir un isolement absolu, que ce n'est
« pas à cette cause qu'il faut rapporter le phénomène.

« Il pourrait bien se faire qu'une certaine quantité d'électricité
« passât dans l'eau; mais alors, elle n'enflammerait pas l'amorce; et
« lors même que le bois de l'amorce ou la gutta-percha du bout de
« l'amorce qui est à l'air conduiraient l'électricité, le courant ne
« pourrait pas se fermer avec l'eau.

« La charge du fil n'est pas douteuse pour nous, et nous appelons
« l'aide de ceux qui sont en mesure de nous expliquer le phénomène.

« Dans tous les cas, quelle que soit la cause du phénomène, il nous
« fait voir que dans une torpille, l'amorce n'a pas besoin d'être reliée
« immédiatement par ses deux fils avec les conducteurs qui viennent
« de l'exploseur.

« Le maniement de l'amorce exige, dans ce cas, qu'on l'attache au
« fil conducteur seulement au moment de l'enflammer. »

Comme les torpilles automatiques essayées sur l'Ij sont disposées
de manière que la jonction de l'amorce avec l'exploseur ait lieu par le
choc, et seulement pendant le temps que la roue de la torpille est
pressée avec une force d'une intensité supérieure à une valeur donnée,
la connaissance du fait découvert ou communiqué par M. Van Houtum
n'amène aucun changement dans la disposition des torpilles automatiques de la marine.

La publicité donnée à ce dernier fait doit, à mon avis, conduire à
expliquer pourquoi je n'ai pas encore eu l'idée de faire des expériences
semblables à celles qui ont été entreprises par M. Van Houtum. Après
avoir lu ce qui a été écrit par cet officier au sujet des torpilles, j'ai
jugé utile, pour augmenter nos connaissances théoriques, de rechercher s'il serait possible de répéter les expériences faites à Brielle.

Dans ce but on a étendu sur le quai, non pas 200 mètres, mais
400 mètres.

Ce fait qu'en opérant d'après la manière indiquée par M. Van Houtum, nous n'avons jamais pu enflammer une amorce ou une amorce
expérimentale, malgré de nombreuses tentatives, ne prouve pas
l'exactitude de cette assertion, que les amorces employées à Brielle
seraient moins bonnes, ou pour mieux dire, moins sensibles que celles
que la marine a essayées.

Je reconnais volontiers que je ne suis pas en état d'expliquer avec certitude la différence des résultats offerts par les exploseurs Siemens et Halske, qui appartiennent à la marine, et par ceux de la Compagnie des torpilles.

Dans le cas où l'on achèterait quelques-uns de ces instruments pour les Indes orientales, ce serait alors une raison pour les choisir avec soin et pour examiner les causes de ces différences.

A mon avis, on pourrait y arriver très-commodément en faisant des expériences comparatives entre les exploseurs de la marine et celui de la Compagnie des torpilles.

Si le gouvernement veut ordonner de faire avec ces instruments des expériences comparatives, sous la direction d'un officier de la Compagnie des torpilles, il faudrait, pour ne pas gêner le service, donner pendant trois ou quatre mois l'un des deux appareils dynamo-électriques de Siemens et Halske, que possède la marine, au commandant de la Compagnie des torpilles.

En attendant les résultats de ces expériences, il ne faut pas perdre de vue que les exploseurs de Siemens et Halske ont été accueillis favorablement à l'étranger.

Dans un mémoire publié en 1869, par le professeur anglais Abel, on trouve les lignes suivantes, relatives à ces instruments :

« On a inventé, il y a trois ans, des instruments fondés sur l'élec-
« tricité et qui sont destinés à remplacer les machines électriques à
« frottement, même les plus puissantes.

« La construction de ces machines varie suivant les différents plans
« adoptés par plusieurs constructeurs; mais l'indication que je viens
« de donner se rapporte plus spécialement aux machines de MM. Sie-
« mens et Halske, qui ont été les premiers à construire un instru-
« ment portatif de cette espèce, particulièrement applicable à l'inflam-
« mation des mines, et qui égale en puissance la machine à frottement
« en ébonite.

« Cinquante amorces disposées dans un seul circuit ont été enflam-
« mées à diverses reprises, sans rater, par l'une de ces machines.
« Elle possède certainement la propriété de satisfaire à toutes les
« exigences du service des mines ou des torpilles, et elle n'est pas
« soumise aux influences atmosphériques. Son mécanisme est simple
« et moins susceptible de se déranger que celui des appareils ma-
« gnéto-électriques, et comme pour le mettre en action il suffit

« d'agir sur une manivelle, il l'emporte sur beaucoup d'appareils
« magnéto-électriques auxquels il est supérieur comme intensité.

« Pour beaucoup d'opérations militaires ou marines, la machine de
« Siemens et Halske est incontestablement supérieure à tous les autres
« appareils destinés à fournir de l'électricité à haute tension[1]. »

Il n'est guère possible de faire un plus bel éloge de l'appareil de
MM. Siemens et Halske, et le savant anglais, avec la plus grande
impartialité, appelle l'attention sur les machines dynamo-électriques
comparées avec la machine à frottement du colonel autrichien,
baron Ebner.

Si deux ou plusieurs fils isolés se dirigent vers des amorces différentes
et que l'un d'eux soit relié à un appareil dynamo-électrique, d'après le
professeur Abel, le courant qui est développé dans ce fil par l'exploseur peut engendrer dans les fils voisins, qui ne sont pas liés à
l'exploseur, des courants assez forts pour faire sauter des amorces
fixées à ces fils.

Cette communication du professeur Abel m'a conduit à entreprendre quelques expériences avec nos exploseurs, pour déterminer le
danger qu'il peut y avoir à faire sauter involontairement une amorce
en lançant un courant dans des fils voisins du sien.

Dans ce but, deux fils couverts de gutta-percha ont été disposés
l'un près de l'autre, de telle sorte que la distance des deux conducteurs métalliques soit d'environ 3 à 4 millimètres sur une longueur de
10 mètres.

Ces fils ont été reliés à l'un des pôles de l'appareil dynamo-électrique, et l'un des fils conducteurs seulement à l'autre pôle.

Sur chacun des fils on a fixé une amorce expérimentale anglaise
(*fig*. 38).

Dans un grand nombre d'expériences faites de cette manière,
l'amorce expérimentale reliée à un seul des pôles de l'exploseur n'est
jamais partie, tandis que celle qui communiquait avec les deux pôles
est partie à chaque fois.

---

[1] On some applications of Electricity to naval and military purposes, T. A.
Abel F. R. S. — Royal Institution of Great Britain. Weekly evening meeting. —
Vendredi 12 mars 1869.

M. l'inspecteur en chef de l'artillerie de marine a eu l'obligeance d'appeler mon
attention sur cette brochure importante et de me la communiquer.

En reliant un des pôles de l'exploseur et les deux amorces à une plaque de terre, les deux amorces sont parties en même temps.

Bien que les deux conducteurs fussent très-près l'un de l'autre, les expériences ont démontré qu'ils étaient encore trop éloignés dans les circonstances données pour pouvoir déterminer l'inflammation simultanée des deux amorces.

Afin de diminuer autant que possible la distance des fils, je me suis décidé à faire des expériences avec un câble à deux âmes garnies de gutta-percha, et destiné à relier des amorces. En septembre 1869, nous reçûmes de MM. Peck et Ciᵉ d'Amsterdam, un câble à deux fils séparés l'un de l'autre par une distance d'un demi-millimètre. Ce câble, d'une longueur de 10 mètres, fut coupé en deux parties égales.

Une des moitiés du câble fut reliée par ses deux âmes à l'un des pôles de l'exploseur, et pour l'autre moitié, une seule des deux âmes fut liée à l'autre pôle de l'appareil.

Les amorces à essayer furent placées l'une après l'autre entre les deux fils (*fig. 38*).

Deux amorces expérimentales anglaises réunies, de cette manière, avec l'appareil de Siemens et Halske, sautèrent en même temps.

En tournant très-vite la manivelle, une amorce attachée à un seul des fils de l'exploseur sautait aussi sûrement que celle qui était reliée aux deux pôles.

En ajoutant quelques mètres de conducteurs entre le pôle de l'exploseur auquel était attaché un des bouts de l'âme et cette âme, on ne put obtenir aucune inflammation.

Dans la seconde série d'épreuves, la distance entre les deux conducteurs qui tenaient les amorces expérimentales était beaucoup plus petite que celle que l'on a ordinairement, et pourtant on ne put jamais faire sauter les deux amorces à la fois dans la première série d'expériences et, dans la seconde, on ne réussit pas toujours.

A moins de tourner l'exploseur très-rapidement, on n'obtenait jamais d'inflammation simultanée.

On peut objecter ici que les conducteurs des torpilles sont toujours sous l'eau dans leur plus grande longueur, et très-près l'un de l'autre, et que c'était le cas dans les expériences.

Bien que ces deux conditions favorisent une inflammation simultanée, les expériences ne permettent pas de conclure qu'en employant les exploseurs de la marine on doive craindre, en général, une inflammation simultanée. Je crois qu'il y a très-peu de chances pour qu'elle se produise [1].

Si pourtant, contrairement à mon opinion, on admet qu'en employant les exploseurs de Siemens et Halske, on court un grand danger de faire sauter plus de torpilles qu'on ne veut, comme il faut alors un instrument très-puissant, je ne verrais là aucun motif pour dissuader d'employer cet exploseur.

L'inflammation simultanée des torpilles doit pouvoir être évitée, dans bien des cas, en employant les nouvelles torpilles.

Le point capital dans la défense d'une passe, au moyen des torpilles, c'est que l'on fasse sauter la torpille que l'on veut et au moment voulu.

La certitude de l'inflammation d'une torpille dormante est beaucoup plus grande avec un appareil de Siemens et Halske qu'avec tout autre.

Les expériences qui viennent d'être rapportées témoignent de la puissance de nos exploseurs.

Elles ont aussi jeté quelque jour sur la valeur comparée des différentes amorces destinées à enflammer les torpilles et sur les avantages ou les inconvénients des deux manières dont on peut les relier avec l'exploseur.

Je présume donc que, de ces expériences, on peut tirer les conclusions suivantes :

1º La certitude qu'une seule amorce sautera est complète avec les amorces anglaises et celles de Delft, tandis qu'elle l'est un peu moins avec les amorces allemandes ;

2º La probabilité de l'inflammation de quelques amorces accouplées diminue à mesure que leur nombre augmente ;

3º Si le nombre des amorces accouplées est trop grand pour la puissance de l'exploseur, aucune amorce ne partira ;

4º La probabilité de l'inflammation simultanée des amorces assemblées est d'autant plus faible qu'elles sont plus nombreuses ;

5º La certitude de l'inflammation d'une amorce au moins sur un

---

[1] Avec les torpilles dormantes de Hollande il ne peut être question d'inflammation simultanée par suite de la charge que l'exploseur donnerait aux conducteurs. Les amorces ne sont reliées qu'avec un pôle de l'exploseur, et cette jonction n'a lieu qu'au moment où l'on veut faire sauter la torpille. A tout autre instant, la communication n'est pas établie entre l'exploseur et l'amorce.

nombre donné d'amorces est bien plus grande quand elles sont assemblées, que lorsqu'elles sont accouplées.

Il n'est jamais arrivé qu'en assemblant des amorces anglaises ou hollandaises, aucune ne partit.

6° Dans tous les cas où il est avantageux de faire sauter en même temps deux ou plusieurs amorces, il faut se garder d'employer celles d'Ebner. Ces amorces ne conviennent pas pour enflammer une torpille fortement chargée ;

7° Si l'on veut enflammer simultanément dix amorces de Delft au plus, il vaut mieux les accoupler que les assembler ;

8° Si l'on veut enflammer simultanément des amorces anglaises, il vaut mieux les assembler que les accoupler.

La certitude de l'inflammation de quelques amorces dépend de leur nombre, de la puissance de l'exploseur, de la résistance des conducteurs et de leur isolement.

Il peut y avoir dans l'isolement du conducteur placé sous l'eau de petits défauts qui n'empêcheraient nullement une amorce de sauter, mais qui pourraient empêcher dans un système d'amorces accouplées l'inflammation d'autant d'amorces qu'on aurait pu désirer.

Dans de telles conditions, il pourrait arriver que sur un certain nombre d'amorces accouplées aucune ne partit, tandis que une ou plusieurs auraient sauté si on les avait assemblées avec l'exploseur.

C'est là le motif principal pour lequel je donnerais la préférence aux amorces anglaises sur les amorces hollandaises.

Dans mon rapport du 28 décembre 1868 j'ai déjà fait connaître que, pour bien choisir les amorces, il faut d'abord faire usage d'un galvanomètre.

Il est inutile d'insister sur ce qu'aucune amorce n'est bien faite, si elle ne laisse pas passer un fort courant.

Je suis d'avis que chaque amorce doit permettre de voir passer le courant, pourvu qu'il soit assez fort, et que le galvanomètre soit assez sensible.

Cette opinion n'est pas en opposition avec cette remarque qui a été faite plus haut, qu'en plaçant une amorce entre une pile à eau et un galvanomètre, il n'y a pas de courant visible au galvanomètre.

Pour faire ces expériences, j'ai employé 6 amorces de Delft, 40 amorces anglaises et 24 amorces Ebner.

La conductibilité de ces amorces a été examinée avant et après leur inflammation. Avant l'inflammation, on employait une pile à eau et un élément Leclanché, et après l'inflammation, quatre éléments Leclanché en série.

En employant une pile à eau et un vieil élément Leclanché, aucune amorce anglaise ou hollandaise n'a laissé passer de courant.

Avec un élément de Leclanché, fraîchement monté, aucune amorce de Delft n'a laissé passer de courant, tandis qu'on en a constaté un faible avec toutes les amorces anglaises ou allemandes.

Après avoir essayé en vain de faire sauter deux mauvaises amorces allemandes et avoir fait voler en morceaux 4 amorces de Delft, nous trouvâmes bien conditionnées 46 amorces de Delft, 40 amorces anglaises et 22 amorces allemandes.

En essayant ces amorces avec quatre forts éléments de Leclanché, j'ai réussi à faire passer le courant dans 35 amorces de Delft ; mais avec 11 amorces de Delft et toutes les amorces anglaises ou allemandes, aucune ne laissa passer le courant d'une manière sensible.

Deux mauvaises amorces d'Ebner essayées ont, l'une, laissé passer le courant, et l'autre, non.

Ce fait que la plupart des amorces de Delft, après l'inflammation, sont conductrices, entraîne comme conséquence que, parmi un certain nombre d'amorces de Delft, assemblées et liées avec l'exploseur, il n'y en a qu'un petit nombre qui sautent ensemble.

Quoique différentes personnes faisant autorité dans les sciences militaires soient d'avis que les amorces conductrices soient préférables, je suis pourtant toujours de cette opinion, qu'il est avantageux qu'une amorce ne laisse pas passer un courant très-faible.

Le célèbre officier américain Maury est un des premiers qui ait appelé l'attention des torpilleurs sur l'avantage qu'il peut y avoir à éprouver tous les jours les torpilles mises en places.

Il pense que le passage d'une dépêche télégraphique à travers une amorce est le meilleur moyen de se convaincre que cette amorce et son conducteur sont en bon état.

Aussi a-t-il fait beaucoup d'efforts et s'est-il donné beaucoup de peine pour parvenir à formuler qu'on doit se servir d'une amorce qui permette le passage d'une dépêche télégraphique sans qu'il y ait danger de l'enflammer.

Quoiqu'il n'ait pas réussi à découvrir une amorce qui satisfasse aux conditions dont il a poursuivi si activement la réalisation, il a indiqué pourtant un système de torpilles dont le trait le plus frappant et le plus caractéristique consiste en ce que les communications télégraphiques peuvent se faire par l'amorce.

Les résultats des expériences faites à Brielle sur le système Maury ont été publiés [1].

Le professeur Abel, qui semble avoir trouvé l'amorce que Maury a cherchée en vain, décrit sa découverte en 1869 et dit entre autres choses :

« Il est très-important de connaître avec certitude l'état d'une tor-
« pille et de ses conducteurs, et de les éprouver de temps à autre au
« moyen de l'électricité. On peut faire passer des signaux télégra-
« phiques d'une station à l'autre à travers la torpille immergée sans
« l'enflammer [2]. »

Dans un journal hollandais très-favorablement accueilli dans le monde militaire, on fait remarquer que le système d'inflammation des mines par le fil de platine porté au rouge présente cet avantage que l'on peut à chaque instant non-seulement constater le bon état des fils, mais aussi s'assurer que la communication avec l'amorce est bonne [3].

Un officier de l'artillerie hollandaise qui, en raison de l'expérience qu'il a acquise par suite de ses fonctions, est très-versé dans tout ce qui concerne les torpilles prétend, au contraire, qu'avec les amorces au fil de platine on ne peut pas savoir si les fils conducteurs de la torpille sont brisés ou dénudés [4].

Je ne veux pas porter un jugement motivé sur le contenu du mémoire du professeur Abel avant d'avoir pu faire quelques expériences pour lesquelles les moyens matériels me manquent encore.

Je ne crois pas sortir de mon sujet, bien que cela doive donner encore plus d'étendue à ce rapport déjà si long, en indiquant les avantages et les inconvénients du système d'inflammation des torpilles au moyen du fil de platine.

Je dois auparavant faire une remarque d'un intérêt essentiellement pratique au sujet des amorces qui conduisent ou non le courant.

---

[1] Voir le mémoire publié le 27 mars 1869, par la *Réunion pour le perfectionnement des sciences militaires*.

[2] Voir la lecture publiée par le professeur Abel. *On some applications of Electricity to naval and military purposes.*

[3] Voir *De Militair spectator*, n° 9, 1869, page 586.

[4] Voir page 46 des *Expériences de torpilles*, à Brielle, à la fin de l'année 1869.

L'installation d'une torpille avec un seul conducteur repose sur ce principe qu'un courant très-faible ne peut traverser l'amorce.

Si cela n'a pas lieu l'amorce peut servir comme plaque de terre.

Mais quand le fil est dénudé quelque part entre la station et la torpille, le fil joue lui aussi le rôle de plaque de terre.

Pour se servir des amorces conductrices, aussi bien à fil de platine qu'à composition chimique, il faut deux conducteurs.

D'après moi il est incontestable qu'il est plus facile d'éprouver l'état d'une torpille immergée quand on emploie deux conducteurs que lorsqu'on se sert du système à un seul fil.

Si l'on veut se servir des câbles de la torpille, le système beaucoup plus complet des deux conducteurs ne présente pas beaucoup d'avantages sur le système à un seul conducteur ou, en d'autres termes, en se servant comme câbles télégraphiques des conducteurs des torpilles, le système à un seul fil et avec les amorces non conductrices donne en pratique une sécurité complète et permet de reconnaître si la torpille ou ses fils sont bien en bon état.

Les détracteurs des amorces conductrices ne doivent pas perdre de vue qu'une torpille à deux fils est moins maniable et bien plus coûteuse qu'une torpille à un seul fil. Les deux fils d'une torpille dormante doivent à eux deux coûter au moins dix fois plus que la torpille elle-même.

Toutes ces raisons me portent à préférer la torpille à amorce non conductrice et à un seul fil, à l'amorce conductrice à deux fils, du moins jusqu'à ce que les expériences qu'on ne manquera pas de faire ici ou ailleurs nous aient appris quelque autre chose à cet égard.

L'inflammation d'une charge de poudre se fait aussi quelquefois avec la bobine de Ruhmkorff.

En 1867 et 1868 j'ai fait des expériences pour savoir pendant combien de temps une bobine de Ruhmkorff peut fonctionner sans qu'il soit utile de toucher soit à la bobine, soit aux éléments.

Dans mon rapport du 28 décembre 1868, on peut voir que les éléments de Bunsen et de Marié Davy n'ont pas donné de bons résultats. Les expériences entreprises avec les éléments Leclanché n'étaient pas alors terminées, elles ont été publiées depuis [1].

A la suite d'un article publié, le 25 mars 1869, dans le *Times* et

---

[1] *Mededeelingen betreffende het Zeewezen*, 11ᵉ vol., page 26.

d'une communication amicale de M. Gray, ingénieur d'une fabrique bien connue de câbles télégraphiques, je demandai et j'obtins l'autorisation de faire l'achat d'une pile portative de Mathieson (*fig.* 40 à 43).

Avec cette pile j'ai entrepris diverses expériences.

On sait qu'un nombre donné d'éléments produit son maximum d'action dans un circuit donné, lorsque les éléments sont groupés de telle sorte que la résistance du circuit soit précisément égale à celle de la pile.

L'application de cette règle n'est pas toujours facile, et, dans beaucoup de cas, elle fait perdre du temps.

Je pense qu'il est superflu de décrire en détail toutes les expériences que j'ai faites avec la bobine de Ruhmkorff et les différentes piles. Elles nous ont appris que l'usage des éléments Leclanché offre plus de certitude que ceux de Bunsen, Marié Davy et Mathieson, pour mettre en action continue, pendant plusieurs heures, une bobine de Ruhmkorff bien réglée.

Pour mettre en action la plus grosse des bobines de Ruhmkorff que j'aie essayées, il faut vingt-quatre éléments Leclanché disposés en trois groupes, composés chacun de huit éléments réunis en série.

Une pile Leclanché dont le courant n'est pas toujours fermé donne une action constante pendant plusieurs mois. Si on la ferme pendant six à huit heures consécutives, elle perd beaucoup de sa force, mais au bout de quelque temps de repos elle reprend une grande partie de sa force primitive.

Le courant de la pile envoyé dans une bobine de Ruhmkorff, qui sert à faire sauter une torpille, doit être fermé.

J'ajouterai qu'en temps de guerre on fera bien d'avoir une seconde bobine avec une pile ouverte, à côté de la bobine et de la pile qui doivent servir à produire l'explosion.

L'officier de garde doit pouvoir en un instant substituer à la bobine hors de service la bobine en bon état, et établir instantanément les communications avec la torpille.

On ne peut pas nier que l'emploi de la bobine de Ruhmkorff exige une surveillance intelligente et continuelle.

La difficulté de se procurer un nombre assez considérable de personnes capables d'exercer cette surveillance est peut-être la cause que deux personnes faisant autorité dans cette matière, le professeur Abel et le baron d'Ebner, préfèrent l'inflammation par une pile d'une action constante.

A la page 15 du mémoire déjà cité, le professeur Abel dit, entre autres choses :

« Les seules sources d'électricité qui remplissent complétement les
« conditions essentielles et dont l'application puisse inspirer quel-
« que confiance pour l'inflammation des torpilles automotrices sont
« les piles à courant constant. En substituant l'amorce Abel au fil de
« platine employé jadis, il est devenu possible de se servir de piles
« qui étaient alors incapables de produire l'explosion, parce que même
« en multipliant le nombre des éléments, la quantité d'électricité four-
« nie par eux n'est pas suffisante pour rougir le fil de platine. Ainsi,
« un certain nombre d'éléments de Daniell ou de pile à sable, tout à
« fait insuffisant pour porter le fil de platine au rouge, fait très-bien
« sauter une amorce Abel.

« La chaleur développée dans cette dernière par le passage du cou-
« rant d'une telle pile suffit amplement à porter à son point d'ignition
« le mélange explosif qui sert de conducteur dans l'amorce. »

Je n'aurais aucune objection à faire à cette opinion d'Abel si j'avais pu me procurer des amorces d'Abel et une pile qui eussent les propriétés qu'Abel attribue à ses amorces et à ses piles.

Les amorces d'Abel que j'ai expérimentées sont celles que la marine a reçue de William Ladd, de Londres. Elles ne peuvent pas sauter avec une pile Leclanché, assez forte pourtant pour rougir un fil de platine capable d'enflammer une charge de poudre.

Le colonel autrichien, baron d'Ebner, à ce que j'ai lu dans divers journaux, préfère pour enflammer sa torpille l'extracourant d'une pile à courant constant.

En ce qui concerne l'inflammation en elle-même, il n'y a aucune objection à faire à cela.

Toutes les amorces bien confectionnées que j'ai eues entre les mains peuvent sauter par l'extracourant d'une pile assez faible, lorsqu'on interpose une bobine.

Si l'on veut être bien sûr qu'une pile pourra toujours produire l'effet qu'on en attend, il ne faut pas la tenir fermée, si ce n'est très-peu de temps avant de s'en servir, parce qu'il n'est pas une seule pile dont l'action ne s'affaiblisse notablement quand on tient son courant fermé pendant quelques heures.

Quand on fait usage de l'extracourant d'une pile, il ne faut pas laisser écouler trop longtemps entre la fermeture et l'ouverture du courant.

Le baron d'Ebner, qui possède peut-être plus que personne la pratique des torpilles, a disposé la sienne de telle sorte que la fermeture et l'ouverture du courant ont lieu dans la torpille elle-même, et que ces deux opérations sont la conséquence du choc que reçoit la torpille quand on vient à faire mouvoir sa roue.

Mais la disposition de la torpille automatique d'Ebner est pour cela assez compliquée, et je pense que son principe est cause qu'elle ne peut pas ne pas éclater par le choc d'un navire ami.

Je ne crois pas qu'on puisse sans inconvénient, en temps de guerre, donner à nos navires ou aux navires alliés toute leur vitesse lorsqu'ils naviguent dans nos canaux remplis de torpilles.

Mais il y a une grande différence entre donner l'ordre de diminuer de vitesse, à partir du moment où l'on relève l'une par l'autre deux marques données, ou bien défendre de naviguer dans la plus grande longueur d'une passe.

Dans beaucoup de cas un tel ordre suspendrait complétement la navigation.

D'après moi, il est très-important que les communications avec Amsterdam, en temps de guerre, soient aussi libres que possible, aussi ne voudrais-je pas conclure à l'adoption d'un système qui placerait dans l'Ij des torpilles contre lesquelles viendraient heurter nos navires ou ceux de nos alliés.

Qu'il me soit permis de terminer ce que j'ai à dire sur l'inflammation des torpilles en déclarant que, pour la défense des positions de Durgerdam contre l'entrée d'une flotte ennemie, je ne connais aucune torpille préférable à celle que l'on essaye dans l'Ij sous ma direction, et que pour enflammer ces torpilles aucun instrument ne l'emporte sur la bobine Ruhmkorff.

Expériences d'éclatement.

Pour qu'une passe soit bien défendue par des torpilles, il faut que chacune d'elles, en sautant, produise assez d'effet dans les circonstances favorables pour mettre hors de combat le plus grand navire de guerre qui puisse s'y présenter.

En instituant des expériences pour déterminer la valeur de la charge d'une torpille à placer dans une passe, on doit considérer le plus gros navire qui puisse s'y engager.

L'effet d'une torpille donnée sur un navire donné dépendra de la position du navire par rapport à la torpille, au moment de l'inflammation de la charge.

Pour obtenir les mêmes effets à des distances différentes, il faut employer des torpilles différentes, c'est-à-dire des torpilles qui diffèrent entre elles, aussi bien par la charge que par la capacité.

Si une torpille éclate lorsque le navire est verticalement au-dessus d'elle, son action dépendra de la hauteur de la colonne d'eau interposée.

Les torpilles dormantes placées sur le fond d'une passe, et qui doivent être enflammées par des observateurs placés sur le rivage au moment où ils pensent que le navire ennemi se trouve au-dessus d'elles, doivent différer suivant la nature des passes ou suivant les positions qu'elles occupent dans une même passe, d'après la profondeur de l'eau et la nature du navire qui peut se trouver au-dessus d'elles.

La charge de poudre de ces torpilles augmentera, naturellement, avec la profondeur à laquelle chaque torpille, en particulier, doit être placée [1].

Si l'on peut admettre que, dans de certaines limites, la charge d'une torpille dormante soit proportionnelle à la troisième puissance de la profondeur à laquelle elle se trouve, par rapport au niveau de l'eau, et si l'on connaît la charge à donner à une torpille pour une profondeur donnée, il ne sera pas difficile alors de calculer, dans chaque cas, la charge à employer pour une torpille dormante dont on connaîtra la position.

Mais lors même qu'on serait en état de calculer, avec précision, la quantité de poudre qu'il faut mettre dans une torpille destinée à occuper une place déterminée, on ne pourrait pas appliquer cette donnée, si l'on ne sait pas combien on peut enflammer de poudre dans une torpille de force déterminée et de capacité connue.

A mon avis, il est hors de doute que, pour chaque grandeur et épais-

---

[1] On suppose naturellement ici qu'en plaçant la torpille plus profondément on augmente la distance qui sépare la torpille des fonds du navire.

L'effet d'une torpille donnée, qui, en éclatant, agit sur le navire qu'il faut détruire, est d'autant plus grand, qu'elle est placée plus bas par rapport au niveau de l'eau.

seur de torpille, relatives à la profondeur que doit occuper la torpille, il y a un maximum de charge pour produire un effet utile, et qu'en dépassant ce maximum on ne modifie pas le rayon de la sphère d'action de la torpille ou la vitesse avec laquelle la masse d'eau est soulevée.

En instituant des expériences pour déterminer le rapport qui doit exister entre la charge, le volume de la chambre et la force de résistance d'une torpille, on peut faire varier ensemble ou séparément la capacité, la grandeur de la charge et l'épaisseur des parois.

Les expériences d'éclatement qui ont été faites l'été dernier sous ma direction, sur l'Ij, près de Durgerdam, peuvent aider à répondre à la question : Quelle épaisseur faut-il donner à une torpille en fonte d'une capacité donnée?

Pour faire ces expériences, j'ai fait préparer, à Amsterdam, à l'usine de l'Atlas, trois torpilles hémisphériques de même volume, mais d'épaisseurs différentes, l'une avait $15^{m\!\!/\!\!m}9$; la seconde $22^{m\!\!/\!\!m}2$ et la troisième $27^{m\!\!/\!\!m}$; elles étaient toutes trois en fonte et contenaient 134 litres.

Pour juger des effets de ces torpilles, je résolus de mesurer la hauteur et le diamètre de la colonne d'eau soulevée, et de constater les dégâts que leur explosion ferait subir à un radeau placé au-dessus d'elles.

Pour mesurer les dimensions de la masse d'eau soulevée, j'ai fait faire, à l'arsenal d'Amsterdam, deux instruments de mesure sur le plan de l'ingénieur de la marine C. L. Loder et deux cabanes en bois qui, d'après les idées de l'ingénieur de la marine J. W. Calten, doivent servir de chambre obscure.

Avec un de ces instruments, on a observé le nombre de traits horizontaux tracés en noir sur une glace transparente qui paraissaient, à l'observateur, compris entre la base et le sommet de la colonne d'eau soulevée. Avec un autre instrument, on observait le nombre des traits verticaux tracés en noir sur une glace transparente et qui paraissaient, à l'observateur, couverts par le diamètre de la colonne d'eau.

Cet instrument de mesure se compose d'une table à peu près triangulaire reposant sur cinq pieds, avec une glace divisée à une extrémité et un viseur à l'autre bout (*fig.* 44 à 48).

La table (*fig.* 44) est vide en son milieu, et porte en sa partie antérieure une fenêtre avec un châssis de verre (*fig.* 45, 46). Ce châssis soutient la glace sur laquelle est placée la division.

La glace de l'un des instruments est partagée par des traits horizontaux et celle de l'autre par des traits verticaux (*fig.* 47, 48). Les divisions de la première servent pour mesurer les hauteurs des colonnes d'eau (*fig.* 47), et celles de la seconde servent pour mesurer les diamètres (*fig.* 48).

Les viseurs étaient d'abord plus fermés et plus commodément disposés pour obtenir des résultats exacts, mais il est arrivé que dans un grand nombre d'expériences préliminaires on ne pouvait pas observer commodément des colonnes d'eau un peu courtes.

Dans la chambre noire on dessinait très-commodément les limites de l'image de la colonne d'eau.

Les radeaux employés avaient 5 mètres de large et 5 mètres de long (*fig.* 49).

Chaque radeau pesait environ 2,403 kilogrammes et se composait de 12 poutres de 2 décimètres d'équarrissage, mises sur deux rangs avec un plancher à la partie inférieure.

Les 12 poutres étaient reliées l'une à l'autre par 32 boulons en fer de 23 millimètres de diamètre, et par 4 pitons de 29 millimètres, placés à chaque croisement des poutres assemblées à mi-bois.

Le plancher du radeau se composait de planches de 5$^c/_m$ d'épaisseur retenues par environ 240 gros clous de charpentier, de 13$^c/_m$ de long. D'après le projet de l'ingénieur de la marine C. L. Loder, on avait mis les planches à côté les unes des autres.

On remplissait les torpilles à bord de la canonnière n° 7 et, autant que possible, un jour au plus avant de les employer.

Dans chaque torpille dont on voulait étudier l'action sur un radeau, on mettait 5 amorces, outre la charge de poudre. Les amorces étaient attachées à des morceaux de bois assujettis dans la torpille : elles étaient assemblées indépendamment les unes des autres avec la surface interne de la torpille et avec un conducteur qui sortait par le trou d'amorce. Ce conducteur télégraphique avait environ 20 mètres de long.

Pour rendre plus uniforme la position de la torpille relativement au radeau dans toutes ces expériences, nous nous décidâmes, après beaucoup d'essais, à suspendre les torpilles au moyen de chaînes de même longueur, au-dessous du radeau.

Les chaînes employées dans ce but avaient 4^{m}5 de long et portaient à une de leurs extrémités un croc, et à 4 mètres du croc un gros anneau en fer, au travers duquel on passait une traverse en fer qui reposait sur les poutres du radeau.

Les radeaux étaient fixés, avant les expériences, à deux forts grappins, à l'un, au moyen d'une chaîne de 30 mètres, et à l'autre, au moyen d'une chaîne de 60 mètres.

La chaîne de 60 mètres était raidie au moyen d'un palan.

Au milieu du radeau on avait dressé un mât de pavillon pour pouvoir relever plus commodément le radeau. Après l'avoir amarré, on transportait la torpille dans une chaloupe, on l'accrochait à la chaîne et on la mettait en place au moyen d'un palan fixé à la chaloupe.

Quand la torpille était ainsi suspendue sous le radeau, sa base était à 1 mètre du fond de l'eau et le câble télégraphique tombait verticalement par son poids. Je pense que, dans ces conditions, la position de la torpille était bien déterminée par rapport au radeau, et que le faible courant de l'Ij ne pouvait avoir aucun effet.

Aussitôt que la torpille était en place, on assemblait le bout du câble avec le bout d'un câble dont l'autre extrémité était attachée au poste où se trouvait l'exploseur. Cette liaison se faisait au moyen d'un tube d'assemblage.

En faisant sauter les torpilles, on a constaté des différences notables dans les effets. On ne peut pas douter qu'en général les différences méritent plus ou moins de confiance suivant leur valeur comparée à celle que l'on mesure.

Si l'on voulait étudier, d'une manière scientifique, les différences d'action d'une grosse torpille en fonte sur un radeau, il faudrait évidemment employer des torpilles identiques, les placer de la même manière et les faire sauter sous un grand nombre de radeaux de même grandeur et de même forme.

Si j'avais pu acquérir des notions assez sûres pour pouvoir décider *à priori* si les radeaux étaient oui ou non disposés de manière à obtenir le résultat désiré, j'aurais pu faire faire un grand pas à la question.

Dans les circonstances actuelles, la dépense considérable causée par ces expériences et la crainte de ne pas obtenir des résultats en rapport avec ces dépenses, m'ont empêché de demander l'autorisation d'entreprendre un travail aussi considérable. L'expérience m'a appris ensuite qu'avec des radeaux on ne peut pas arriver à de bons résultats.

Quant à nos expériences sur l'emploi des instruments de mesure qui viennent d'être décrits, aucune difficulté ne se présentait et elles devaient se faire presque sans frais.

Nous avons donc procédé aux expériences d'éclatement des torpilles au moyen des instruments de mesure, pour arriver à savoir avec quel degré d'exactitude on pouvait mesurer les dimensions de la colonne d'eau.

Pour ces expériences, nous avons employé, entre autres, 2 torpilles en cuivre et 3 en fonte, toutes de même capacité, de même épaisseur, et toutes chargées avec 10 kilogrammes de poudre.

Les résultats obtenus avec ces petites torpilles sont réunis et consignés dans la table de l'annexe III, tandis que les essais des colonnes d'eau soulevées sont donnés dans les figures 50 à 57.

En examinant les nombres de la table III, on doit remarquer que les hauteurs des colonnes d'eau sont bien plus faciles à observer que les largeurs.

Pour obtenir ces hauteurs avant l'explosion de la torpille, on relève le niveau de la mer; c'est-à-dire la base de la colonne d'eau, et pendant l'explosion on n'a qu'à observer la partie supérieure, tandis que, pour évaluer la largeur de la colonne, il faut noter, autant que possible, la position de ses deux limites à droite et à gauche.

En supposant que les observateurs soient aussi habiles l'un que l'autre, les observations de hauteur méritent plus de confiance que les observations de largeur.

Si l'on examine maintenant les hauteurs observées des colonnes d'eau soulevées par l'explosion des trois petites torpilles en fonte et que l'on tienne pour bons ces résultats, on en conclut que les colonnes soulevées par des torpilles de même forme peuvent différer de 4 mètres sur une hauteur de 30 mètres.

En comparant les différences de hauteur des colonnes soulevées par des torpilles différentes, on n'est pas autorisé à prononcer en faveur de l'une d'elles, parce que ces différences s'élèvent à 13 p. 0/0 de la plus petite hauteur.

Après avoir fait sauter des torpilles de même forme, je résolus de me servir de grandes torpilles en fonte placées sous des radeaux, en commençant par faire sauter la plus faible, puis la plus forte, c'est-à-dire la torpille en fonte de 15^m/9 d'épaisseur, puis la torpille de 27^m/m.

En conséquence, le 1er septembre, je fis sauter la plus faible des torpilles en fonte et, le 3 septembre, la plus épaisse.

Ce fut pour moi une grande déception de voir qu'après l'explosion des torpilles, on ne put constater laquelle des deux torpilles avait produit le plus d'effet, ni par l'observation des hauteurs ni en examinant les dégâts subis par les radeaux.

On ne pouvait pas s'attendre à obtenir quelque résultat intéressant en faisant sauter, de la même manière et avec la même charge, une torpille en fonte de 22$^{m}_{m}$2 d'épaisseur.

A mon avis, dans les circonstances actuelles et avec les moyens dont nous disposons, nous aurions encore la chance d'utiliser les résultats déjà obtenus si nous pouvions faire sauter, sous notre radeau, une torpille de fer forgé avec une charge de 100 kilogrammes de poudre, puis une torpille de fonte de 22$^{m}_{m}$2 avec une charge de 50 kilogrammes sous un radeau semblable.. Je résolus alors de faire cette expérience.

L'exécution de cette résolution fut retardée par diverses circonstances. Nos apparaux furent très-endommagés, le 3 septembre 1869, par suite du mauvais temps, du vent et de la haute mer qui régnèrent à l'endroit où nous devions faire les expériences.

Aussi arriva-t-il que la chaloupe aux torpilles, tenue par un grappin, remplit à moitié et s'en alla en dérive, et qu'en accrochant la torpille sous le radeau l'organeau de la torpille se cassa.

Si nous avions pu avoir à notre disposition, faute d'un bateau à vapeur pour mouiller les torpilles, une chaloupe à vapeur comme celles, par exemple, que possède la direction de la marine à Willemsoord, nous aurions certainement perdu moins de temps.

Quoi qu'il en soit, nous avons fait sauter, le 29 septembre, une torpille en fer forgé de 3$^{m}_{m}$5 d'épaisseur, chargée de 98^{k}5 de poudre et, le 22 octobre 1869, une torpille en fonte de 22$^{m}_{m}$2 d'épaisseur, chargée de 50 kilogrammes.

La torpille en fer forgé avait une capacité inférieure à celle de la torpille en fonte ; mais elle pouvait, néanmoins, contenir une charge de 100 kilogrammes de poudre.

La manière de placer et de fermer les torpilles est cause qu'on ne put pas mettre plus de 98^{k}5 dans cette torpille.

Dans chacune des quatre expériences entreprises pour étudier l'effet des torpilles sur le radeau, il fut brisé par le milieu. Dans toutes les expériences, l'une des deux moitiés fut retournée sens dessus dessous.

Dans trois des quatre expériences, la moitié chavirée était attachée à la plus longue des chaines qui servaient à retenir le radeau.

Dans un cas, la moitié chavirée était tout à fait libre, par suite de la rupture du piton auquel était attachée la chaîne.

Les autres moitiés du radeau qui n'avaient pas été chavirées étaient aussi attachées aux chaînes qui les retenaient au fond.

L'ingénieur de la marine J. W. Calten a eu la bonté d'examiner et de dessiner les radeaux brisés.

On peut conclure des dessins : que dans tous les radeaux les poutres sont brisées à l'endroit où elles s'assemblent à mi-bois, et que le plancher est déchiré entre deux planches.

Il n'y a que dans un seul radeau qu'une planche du plancher ait été brisée en deux.

Ce radeau a été plus endommagé que les autres.

On voit dans le rapport de l'ingénieur Calten qu'il est difficile de dire quel est le radeau le plus détérioré.

Il est certain qu'une torpille de $15^{m}/_{m}9$ d'épaisseur et une torpille de $27^{m}/_{m}$, chargées chacune de 100 kilogrammes, et une torpille de $22^{m}/_{m}2$ chargée de 50 kilogrammes ont produit, toutes trois, les mêmes dégâts sur trois radeaux égaux placés de la même manière par rapport à ces torpilles.

Je ne peux m'expliquer ce fait qu'en admettant que tous ces radeaux ont cédé *immédiatement* au premier choc de la colonne d'eau soulevée, de sorte qu'une faible partie seulement de l'eau soulevée a été employée à les mettre en pièces.

Je trouve une confirmation de cette opinion dans ce qui a été publié, dans un mémoire, par le colonel d'artillerie A.L. von Preuschen, au sujet des travaux de la compagnie des torpilles en 1867 et 1868. On y lit, entre autres choses :

« Au-dessus de la torpille est un petit radeau de 8 poutres réunies par 4 traverses. Son effet a été assez faible ; car à une profondeur de 5ᵐ8 on n'avait placé qu'une charge de 25 livres de poudre. L'eau ne s'éleva guère que de 2 mètres et retourna le radeau sens dessus dessous, sans l'endommager le moins du monde. Dans une seconde expérience, avec 50 livres de poudre, l'effet sur le flotteur n'a pas été sensible. »

Bien que je ne sache pas comment dans le Nol, près Brielle, on a fixé la torpille au radeau, je peux pourtant supposer que la torpille a été mise à peu près au milieu du radeau et en-dessous, et que la distance verticale du radeau à la torpille était de 6 mètres au plus.

Ce fait, que dans de telles circonstances la torpille n'a éprouvé aucun dommage, ne peut, à mon avis, s'expliquer qu'en admettant que ce léger obstacle n'offrait pour ainsi dire pas de résistance sensible à la masse d'eau soulevée par la torpille.

Si, dans les expériences faites sur l'Ij, on n'avait pas fixé solidement le radeau avec des ancres, ou si, comme on l'avait proposé, on l'avait attaché aux deux bouées au moyen de longues amarres, il est probable que l'explosion de la torpille n'eût occasionné aucun dommage.

Je n'ai pas cherché à préserver le radeau de tout dommage, parce que je n'ai pas pensé que les expériences en dussent être plus démonstratives. Des résultats comme ceux de Brielle ont cet inconvénient, qu'on est tout porté à en conclure que, dans les circonstances données, une torpille dormante, comme celle qu'on essayait, ne pourrait faire aucun mal au navire qui passerait au-dessus d'elle.

Puisque j'ai été amené à rapporter une expérience faite par la Compagnie des torpilles, je crois nécessaire de rappeler ici que les résultats des expériences entreprises en Angleterre donnent une idée bien plus avantageuse des résultats que l'on peut attendre des torpilles dormantes que celles que l'on a faites à Brielle. Je suppose, il est vrai, que l'on doive attacher quelque importance aux récits publiés dans les journaux, au sujet de ces expériences.

On peut lire en effet, dans le *London-News*, que la frégate la *Terpsichore* a été employée à ces expériences. L'explosion d'une torpille de 34 kilogrammes placée sur le fond de la Medway, à 6^m5 au-dessous du niveau de l'eau et à 3^m7 au-dessous de la quille, a fait un trou de 3 mètres dans la carène (*fig.* 58 à 60).

Pour revenir aux expériences faites sous ma direction, je me permettrai de faire remarquer que des expériences décisives nous ont appris que les radeaux employés n'étaient pas convenablement assemblés.

Il aurait mieux valu, peut-être, mettre les poutres les unes sur les autres au lieu de les assembler à mi-bois, et au lieu d'un plancher d'en mettre deux croisés l'un sur l'autre.

Bien que je n'aie pas l'intention de recommencer ces expériences, je crois convenable de faire connaître ma manière de voir à ce sujet.

Les résultats des expériences entreprises pour déterminer la grandeur des colonnes d'eau soulevées se trouvent consignés dans l'annexe III, tandis que les images de ces colonnes sont figurées de 50 à 57.

Je crois à propos de faire, à ce sujet, les remarques suivantes :

On ne peut pas conclure de la différence de 4 mètres, entre les hauteurs des colonnes soulevées par la plus grosse et la plus faible des torpilles en fonte, que dans les circonstances données l'effet d'une torpille de $27^{m/m}$ d'épaisseur soit plus grand que celui d'une torpille de $15^{m/m}9$, car on trouve des différences plus grandes encore entre les colonnes d'eau soulevées par des torpilles de même forme et de même grandeur.

Les observations de hauteur amènent aux trois conclusions suivantes :

1° La colonne d'eau soulevée par l'inflammation d'une torpille chargée de 10 kilogrammes, et à une profondeur de 2 mètres, ne doit pas beaucoup différer, en hauteur, de celle que soulève une torpille chargée de 100 kilogrammes, à une profondeur de $4^{m}5$;

2° En employant une charge de 100 kilogrammes, l'effet d'une torpille de fonte de $15^{m/m}9$ à $27^{m/m}$ e·t bien plus grand que l'effet d'une torpille en fer forgé de $3^{m/m}5$ d'épaisseur;

3° Avec une torpille de fonte de $22^{m/m}2$, chargée de 50 kilogrammes, on peut produire autant d'effet qu'avec une torpille de fer forgé de $3^{m/m}5$, chargée de $98^{k}5$.

Il faut ajouter que ces conclusions mériteraient plus de confiance si les torpilles en fer forgé avaient été aussi grosses que celles de fonte, et si les petites torpilles de 10 kilogrammes n'avaient pas été posées sur le fond, mais avaient été suspendues sous un radeau; comme les grosses torpilles.

Je crois pourtant que l'on peut déduire avec certitude de ces expériences, qu'une torpille en fer forgé de $3^{m/m}5$ d'épaisseur est trop faible pour recevoir une charge de poudre de 100 kilogrammes; et pour une telle charge, il est inutile d'employer une torpille ayant une épaisseur supérieure à $27^{m/m}$.

Les hauteurs des images des colonnes d'eau soulevées ne contredisent pas cette conclusion.

Les diamètres obtenus en mesurant les colonnes d'eau s'accordent bien avec les diamètres déduits des images, mais les valeurs de ces diamètres ne peuvent pas être comparées aux résultats déduits des hauteurs.

J'ai déjà insisté, dans ce rapport, sur ce fait, que l'observation des diamètres des colonnes d'eau soulevées est bien plus difficile que celle des hauteurs.

Il est vraisemblable que dans l'explosion d'une torpille, si l'on emploie un radeau, on modifiera la largeur de la colonne d'eau plus encore que la hauteur.

Je suis pourtant d'avis qu'en continuant les expériences commencées sous ma direction, on fera bien, pour apprécier les effets des torpilles, de les faire éclater sans employer de radeaux, et de mesurer les hauteurs des colonnes soulevées.

Des expériences il découle aussi que la position de la torpille, par rapport à la surface de l'eau, exerce une grande influence sur la hauteur de la colonne d'eau.

Il est désirable aussi que la torpille soit fixe autant que possible, et on y parviendra évidemment le plus facilement et le plus commodément possible en suspendant la torpille sous un radeau.

Moins la colonne d'eau sera gênée par des obstacles, et plus les résultats seront réguliers.

Si l'on attache une torpille aux quatre sommets d'un rectangle vide formé par 4 poutres la forme de la colonne d'eau sera sans doute moins altérée que si on l'attache au point de jonction de deux poutres assemblées en croix ; mais cette disposition vaudrait peut-être mieux.

Une croix doit pouvoir être faite plus facilement, dans un grand nombre de circonstances, et par suite être préférée. *A priori*, il est très-difficile de dire quelle est la meilleure forme de corps mort auquel on doive suspendre la torpille. Aussi, je crois qu'il est sage de ne rien préciser pour l'instant.

Si l'on veut seulement étudier l'effet d'une torpille sur un radeau, il ne faut pas l'amarrer trop fortement.

Il n'y a aucun inconvénient à fixer le radeau à deux bouées, au moyen d'amarres.

En mesurant un morceau de fonte provenant d'une torpille éclatée, j'ai vu qu'il était impossible d'admettre qu'elle eût partout la même épaisseur ; aussi, je crois utile de n'employer que des torpilles en fer forgé, quand on voudra étudier l'influence des épaisseurs.

Je crois qu'une torpille de fer forgé de $5^{\rm m}_{\rm m}$ peut être assimilée à une torpille de fonte de $16^{\rm m}_{\rm m}$; mais je crois qu'il serait bon de constater les effets d'une torpille de fer forgé de $5^{\rm m}_{\rm m}$ d'épaisseur.

Il semble résulter des expériences faites avec la frégate anglaise, *Terpsichore*, que l'explosion d'une torpille chargée de 34 kilogrammes de poudre, et placée sur le fond d'une passe de 6^{m}5, suffit pour mettre hors de combat un bon navire. Il n'est pas vraisemblable que pour défendre les positions de Durgerdam, dont la profondeur est de 7 mètres, il faille employer des torpilles chargées de plus de 100 kilogrammes.

Dans les passes plus profondes, il faut employer des torpilles plus grosses. Il est à désirer que dans les expériences destinées à fixer les relations qui doivent exister entre la charge, la capacité et l'épaisseur d'une torpille, on emploie des torpilles plus grosses que celles qui ont été essayées avec une charge de 100 kilogrammes.

Il serait peut-être avantageux d'employer, pour ces expériences, les torpilles de 7 à 10^m_m fabriquées pour le compte de la marine par MM. Paul van Vlissingen et Dudok van Heel, à Amsterdam.

Les expériences qui ont pour but de rechercher quelle épaisseur il faut donner aux parois d'une torpille chargée de 100 kilogrammes doivent, à mon avis, précéder toutes les autres.

Quand on aura réussi à ce point de vue, il faudra chercher si, dans les circonstances données, l'effet maximum d'une telle torpille sur un navire est capable de le mettre hors de combat.

Comme il n'est pas vraisemblable que l'on puisse traverser le Zuiderzée et s'avancer jusqu'à Amsterdam avec des navires cuirassés plus forts que nos monitors, on pourrait considérer le monitor *Cerberus* comme le type des navires que les torpilles devraient pouvoir désemparer [1].

La question qu'il s'agit de résoudre peut se formuler ainsi :

« On veut placer une torpille dormante entre Immetjeshorn et Dur-
« gerdam sur le fond de la passe et dans l'endroit le plus profond :
« quelle doit être la charge de poudre pour désemparer un navire
« cuirassé qui passerait dessus, en le supposant aussi fort et tirant
« autant d'eau que le monitor *Cerberus* ? »

Il n'est pas vraisemblable que le gouvernement se décide à employer un de ses monitors pour de semblables expériences. Pour répondre à

---

[1] Ce point de vue a été traité tout particulièrement dans le rapport que j'ai fait, le 18 décembre, sur les expériences entreprises sur l'*Ij*, près de Durgerdam, en 1869.

la question, ce sacrifice serait inutile : il suffit de construire un ponton en fer dont la carène soit aussi forte que celle du *Cerberus.*

Le ponton sera plus léger que le *Cerberus* et calera moins d'eau ; aussi le dommage que lui causera une torpille donnée ne sera pas aussi grand que celui qu'éprouverait le monitor *Cerberus* dans les mêmes circonstances.

A mon avis, on peut admettre qu'une torpille capable de faire un trou dans un ponton de cette espèce serait capable de désemparer un monitor.

La manière la plus économique de faire cette expérience consisterait peut-être à garnir un de nos vieux navires condamnés, avec des lattes qui le consolideraient assez pour que la quille et les bordages présentassent, à une pression extérieure, une résistance comparable à celle qu'offrent le fond et la carène d'un de nos monitors.

A mon avis, je crois qu'on agirait plus efficacement sur un ponton en fer que sur un navire consolidé ; mais je crois de mon devoir de déclarer que je serais plus en mesure de dire comment devrait être fait ce ponton que d'indiquer la manière de consolider un vieux navire, pour lui donner autant de résistance qu'à un monitor.

Comme je ne connais pas assez la construction navale, je ne puis, à mon grand regret, proposer aucun plan pour exécuter ces expériences et chercher quel effet une torpille peut produire sur un navire de guerre dans des circonstances données.

Des expériences de cette nature seraient, à beaucoup de points de vue, très-différentes de celles qui ont été faites sous ma direction, et qui avaient uniquement pour but de déterminer la relation qui doit exister entre la charge, le volume et l'épaisseur de la torpille.

Pour obtenir ces résultats, j'ai l'honneur de proposer de faire sur l'Ij des expériences comparatives avec cinq torpilles différentes, savoir :

1° Une torpille en fer forgé du volume de 130 litres, de 5ᵐ͞ᵐ d'épaisseur et chargée de 100 kilogrammes de poudre ;

2° Une torpille en fer forgé d'un volume de 130 litres, de 7ᵐ͞ᵐ d'épaisseur et chargée de 100 kilogrammes ;

3° Une torpille de fer de 240 litres, de 5ᵐ͞ᵐ d'épaisseur et chargée de 200 kilogrammes ;

4° Une torpille en fer forgé de 240 litres, de 7ᵐ͞ᵐ d'épaisseur, avec une charge de 200 kilogrammes ;

5° Une torpille en fer forgé de 240 litres, de 10$^m/_m$ d'épaisseur, avec une charge de 200 kilogrammes.

Travaux de la Compagnie des torpilles.

Pendant l'année 1869, j'ai eu plus d'une fois l'avantage de prendre connaissance des rapports sur les travaux de la Compagnie des torpilles.

J'ai lu tous ces rapports avec soin et, dans différentes lettres à mes chefs, j'ai eu l'honneur de donner mon avis sur les détails intéressants qu'ils renferment.

Bien que, à vrai dire, je ne voie aucun inconvénient à la publication de ces lettres et que cette publication ne puisse que m'être agréable, je n'ai pas cru devoir donner, sur les expériences de Brielle, d'autres détails que ceux qui étaient nécessaires pour jeter quelque jour sur les expériences consignées dans ce mémoire et entreprises sous ma direction.

Rapport sur quelques expériences faites sur les torpilles, par la direction de la marine, à Amsterdam, du 1er mars au 31 décembre 1870 [1].

Expériences d'éclatement.

En 1869 j'ai fait sur l'Ij des expériences destinées à chercher la meilleure relation à donner à la charge et à l'épaisseur d'une torpille en fer, ou, en d'autres termes, à trouver la réponse à cette question : Quelle épaisseur faut-il donner à une torpille dormante si l'on veut être sûr qu'une certaine quantité de poudre contenue dans la torpille s'enflamme avant qu'elle ait éclaté?

Dans mon rapport du 18 décembre 1869, service des torpilles, n° 279, j'ai eu l'honneur de proposer un plan d'expériences pour atteindre ce résultat.

Ce plan a été approuvé par la décision ministérielle du 27 janvier 1870.

Dans les expériences entreprises sur l'Ij, les torpilles que l'on fit

---

[1] Extrait des *Mededeelingen betreffende het Zeewezen*, t. XIV. Traduit du néerlandais par E. GARNAULT, professeur de l'École navale.

sauter étaient chargées de poudre et contenaient une amorce que l'on attachait à un morceau de bois.

Comme je n'avais pas sous la main un local fermé assez vaste pour pouvoir y manier jusqu'à 200 kilogrammes de poudre à la fois, je fus obligé de remplir les torpilles à bord de la canonnière n° 7, à Durgerdam.

Il était très-difficile d'emmagasiner une aussi grande quantité de poudre, surtout par mauvais temps ; aussi l'opération fut-elle fort longue.

Pour mettre en place une torpille chargée, il fallait un beau temps, et comme par mauvais temps les phénomènes qui accompagnent l'explosion peuvent être modifiés, il s'écoula parfois plusieurs jours entre la charge et l'inflammation des torpilles [1]. Par suite, la poudre de quelques torpilles dut rester pendant quelques jours en contact immédiat avec la surface intérieure des torpilles, et dans des conditions qu'il faut éviter quand on veut faire des expériences comparatives, parce qu'une caisse en fer n'est pas un réservoir convenable pour de la poudre.

En conséquence, je me décidai, pour les expériences de 1870, à charger les torpilles avec des gargousses.

Quand les gargousses étaient bien assujetties dans la torpille, on y plaçait commodément les amorces qui étaient distribuées au milieu d'elles.

Dans le rapport signalé plus haut [2], on a indiqué quelques procédés qui permettent de comparer entre elles différentes torpilles, et les raisons qui m'avaient conduit à proposer un moyen de mesurer les hauteurs des colonnes d'eau soulevées.

Qu'il y ait une relation entre l'effet d'une torpille et la hauteur de la colonne d'eau soulevée par l'explosion, à mon avis, on ne peut le contester par de bonnes raisons [3].

---

[1] Par un grand vent la colonne d'eau soulevée par la torpille est inclinée.

[2] Voir mon rapport dans le 13e volume des *Mededeelingen betreffende het Zeewezen*.

[3] A la page 41 d'un rapport fait par le commandant de la compagnie néerlandaise des torpilles sur les torpilles et le barrage des rivières, on trouve à ce sujet les réflexions suivantes :

« Dans une brochure estimée d'un officier du génie prussien « *Die Torpedo's,* » on trouve consigné un procédé à l'aide duquel on peut mesurer l'effet d'une torpille placée à différentes profondeurs par la hauteur de la colonne d'eau soulevée.

La hauteur de la colonne d'eau soulevée par une torpille est évidemment l'effet visible de l'explosion et dépend de la quantité de poudre enflammée.

Les expériences faites sous ma direction avec de petites torpilles aussi semblables que possible ont prouvé que la profondeur à laquelle la torpille se trouve immergée, aussi bien que la distance à laquelle elle est du fond, exerce une grande influence sur la hauteur de la colonne d'eau soulevée par la torpille, et l'on ne peut pas non plus mettre en doute que l'effet visible d'une torpille doive dépendre de la nature du fond au-dessus duquel elle est placée.

Si l'on ne tient pas compte de ces éléments, on ne pourra pas savoir dans quelle torpille l'inflammation a été la plus complète, si l'on emploie des torpilles également chargées, mais de résistances différentes.

Après quelques expériences préliminaires, je suis arrivé à conclure que la meilleure disposition à employer pour placer la torpille dans une position connue, eu égard à la surface et au fond de l'eau, consiste à la suspendre sous un radeau à l'aide d'une chaîne ou à l'aide d'une tige de fer de longueur connue.

Pour les grosses torpilles, on emploiera un radeau de sapin pesant environ 1,000 kilogrammes. Chaque torpille aura son radeau.

A l'arsenal d'Amsterdam, on a essayé ce que pouvaient porter ces radeaux, et l'on a déterminé la ligne de flottaison en charge.

Plus le radeau s'enfonce quand il est chargé, et plus il faut relever le point d'attache de la torpille, ce qu'on fait au moyen de tasseaux de bois.

Dans les expériences faites sur l'Ij, on mettait d'abord les radeaux en place, puis les torpilles.

Pour tenir le radeau, on l'attachait par deux amarres à deux bouées fixées l'une et l'autre dans le lit du courant.

La distance du radeau au point du quai où se faisait l'observation de la hauteur de la colonne d'eau a été, dans chaque cas, mesurée soigneusement au moyen de deux angles, l'un pris avec Immetjes-Horn et la torpille, l'autre avec Zeeburg et la torpille.

Pour mesurer les hauteurs des colonnes d'eau soulevées, on con-

---

Bien qu'autrefois nous ayons fait quelques expériences à ce sujet nous sommes tout à fait revenu à l'idée contraire, à savoir que la hauteur de la colonne d'eau soulevée ne peut fournir aucune conclusion sur l'effet de l'explosion.

struisit un nouvel instrument et l'on perfectionna les deux instruments employés en 1869.

Pour la disposition de ces instruments et la manière de s'en servir, je renverrai à mon rapport du 14 mars 1870, Service des torpilles, n° 291, 13ᵉ volume des *Mededeelingen betreffende het Zeewezen*.

En 1870, nous avons fait sauter 14 torpilles, dont 10 étaient chargées de 10 kilogrammes de poudre, 4, de 100 kilogrammes, et 3, de 190 kilogrammes.

Les observations faites pendant l'explosion de ces torpilles, et les résultats sont réunis et consignés dans le tableau de l'annexe I.

En examinant ce tableau, on voit :

1° Que la colonne d'eau soulevée par l'explosion d'une torpille chargée de 100 kilogrammes et de 5^m_m d'épaisseur est plus haute que celle de 2 autres torpilles de même charge et d'épaisseur plus considérable;

2° Que la colonne d'eau soulevée par une torpille de 190 kilogrammes de charge et de 5^m_m d'épaisseur est plus haute que celle que projette une torpille de 100 kilogrammes et de 5^m_m d'épaisseur ;

3° Que la colonne d'eau soulevée par une torpille chargée de 190 kilogrammes et de 8^m_m d'épaisseur est plus haute que celle que l'on obtient avec deux autres torpilles de même charge et dont les épaisseurs sont 5^m_m pour l'une et 11^m_m pour l'autre.

On ne peut pas nier que les différences entre les hauteurs des colonnes soulevées par les torpilles de 100 kilogrammes ne soient pas assez faibles.

Je n'oserais pas affirmer qu'en examinant avec soin ces différences, on puisse conclure que pour une charge de 100 kilogrammes la torpille en fer forgé de 5^m_m d'épaisseur doive être préférée à celles qui ont 8 et 11^m_m.

En supposant que la charge de 100 kilogrammes de la torpille qui a 5^m_m d'épaisseur n'ait pas brûlé tout entière, on se trouverait, à mon avis, en opposition avec ce fait que, dans des circonstances identiques, on a fait sauter une autre torpille de même épaisseur, mais contenant plus de poudre, et dont les effets ont été plus considérables.

Je suis également d'avis que l'on peut déduire des conclusions exprimées sous les numéros 1 et 2, qu'une caisse de torpille en bon fer de 5^m_m d'épaisseur est assez forte pour supporter une charge de 100 kilogrammes.

D'après les différences entre les hauteurs des colonnes d'eau soulevées par les torpilles chargées de 100 kilogrammes, il ne serait pas nécessaire, avec cette charge, de faire construire des torpilles plus fortes que celles qui ont été essayées et qui avaient 8$_{\mathrm{m}}^{\mathrm{m}}$ d'épaisseur.

On pourrait acquérir encore plus de certitude à cet égard en faisant une expérience avec une torpille de 8$_{\mathrm{m}}^{\mathrm{m}}$ chargée de 250 kilogrammes.

Comme je ne pense pas que pour la défense du canal qui va de Immetjes-Horn à Durgerdam on puisse employer des torpilles contenant plus de 100 kilogrammes, je ne crois pas utile de faire pour l'instant l'expérience que je viens d'indiquer, eu égard au but de mes travaux, qui consiste à déterminer la position et la grandeur des torpilles nécessaires pour défendre les approches de Durgerdam.

Les circonstances dans lesquelles, au mois de juin 1870, nous avons fait sauter à 2 mètres de profondeur 6 torpilles chargées chacune de 10 kilogrammes de poudre, sont à peu près semblables à celles dans lesquelles nous nous trouvions en juillet 1870, quand nous avons fait sauter 3 torpilles de 100 kilogrammes à une profondeur de 4 mètres.

Les résultats obtenus dans ces expériences peuvent à bon droit être comparés.

Dans mon rapport de janvier 1868, publié dans le 9ᵉ volume des *Mededeelingen betreffende het Zeewezen*, je rapporte ce fait, que dans des limites déterminées, les poids de poudre des torpilles dormantes sont proportionnels aux cubes des nombres qui expriment la profondeur à laquelle les torpilles sont placées sous l'eau.

Si l'on applique cette loi au calcul des charges des torpilles placées à 2 et à 4 mètres sous l'eau, on reconnaîtra qu'une torpille de 10 kilogrammes à 2 mètres de profondeur produit autant d'effet qu'une torpille de 80 kilogrammes à 4 mètres de profondeur.

Si l'on pouvait prendre la hauteur de la colonne d'eau soulevée pour mesure de l'effet produit, on arriverait à déduire de la loi précédente que la colonne d'eau soulevée par une torpille de 100 kilogrammes placée à 4 mètres est à peine plus haute que celle que soulève une torpille de 10 kilogrammes placée à 2 mètres de la surface.

C'est ce qui s'est produit dans nos expériences, comme on peut le voir dans les nombres du tableau de l'annexe I.

Cet accord très-satisfaisant entre les résultats de mes expériences et une loi fondée sur des considérations théoriques m'a empêché de continuer les expériences indiquées, et m'a fait rechercher s'il ne serait pas possible d'obtenir quelque chose d'utile à la théorie des torpilles en faisant sauter des torpilles semblables à différentes profondeurs.

Dans ce but, en août 1870, j'ai fait charger encore 4 torpilles avec 10 kilogrammes de poudre, et je les ai fait sauter en les plaçant sous l'eau à 1 mètre, puis à 2, 3 et 4 mètres.

Les résultats obtenus n'ont nullement répondu à mon attente. Je n'ai pas réussi à découvrir une relation entre les hauteurs des colonnes d'eau soulevées dans ces expériences et les hauteurs déjà obtenues.

Je ne peux pas indiquer à quoi tient le désaccord de ces résultats, mais je reconnais volontiers qu'en réfléchissant aux conditions dans lesquelles j'ai opéré en faisant sauter les petites torpilles par des profondeurs de 5^{m}5, je n'ai pas pris assez de soin pour déterminer avec exactitude la distance de ces torpilles au niveau de l'eau.

Si la charge d'une torpille de 100 kilogrammes placée sur le fond à l'endroit le plus profond du canal entre Immetjes-Horn et Durgerdam saute au moment le plus favorable, peut-on être sûr que son action sera assez puissante pour mettre hors de combat le plus fort navire ennemi qui puisse s'avancer dans cette passe?

A cette question déjà posée par moi bien des fois, je ne peux encore faire que cette réponse : je le crois.

L'explosion d'une torpille de 100 kilogrammes placée sous un navire de guerre serait sans doute le meilleur moyen de répondre d'une manière satisfaisante à cette question, mais il serait trop coûteux.

Dans mon rapport du 18 décembre 1868, service des torpilles, n° 279, je faisais remarquer que le moyen le moins coûteux serait de faire sauter une torpille sous un ponton en fer présentant la même résistance que le navire ennemi le plus solide qui puisse traverser le Zuyderzée jusqu'à Durgerdam.

D'après ma proposition, M. B.-J. Tideman, ingénieur en chef de la marine, a proposé le plan d'un ponton en fer qui pourrait servir à ces expériences.

Le prix d'un tel ponton (représenté fig. 72, pl. X) est estimé à environ 42,000 francs.

En dressant le plan de la défense des approches de Durgerdam au moyen de torpilles, j'ai admis comme principe qu'une distance de 15 mètres entre deux torpilles automatiques bien placées suffit pour empêcher que l'explosion de l'une fasse partir l'autre.

Cette opinion repose sur ce fait qu'en 1866, dans des expériences, l'explosion d'une torpille de 75 kilogrammes n'a produit aucun effet sur une autre torpille automatique placée seulement à 11 mètres.

On trouve dans le *Mechanic's Magazine* du 28 octobre 1870 que, dans des expériences entreprises en Angleterre, la distance qui sépare deux torpilles chargées ne doit pas être moindre de 120 pieds anglais.

Cette communication a conduit à examiner cette question, à savoir si les torpilles automatiques qui en Hollande sont placées, d'après mon avis, à 14 mètres l'une de l'autre, sont plus fortes que celles des Anglais que l'on espace de 36 mètres.

Comme je n'ai jamais vu de torpilles anglaises, et que le journal dont je parle ne contient ni dessin ni description suffisante, je ne suis pas en état de répondre exactement à cette question.

Je me propose pourtant de donner quelques détails sur la grande différence qui paraît exister entre les expériences de torpilles en Angleterre et en Hollande.

Les torpilles automatiques essayées sous ma direction, aussi bien que les torpilles automatiques anglaises, se composent de deux parties bien distinctes : une caisse dans laquelle se trouve la charge de poudre, c'est la torpille proprement dite, et un mécanisme extérieur qui doit fermer un courant lorsque le navire ennemi vient le frapper. Cette dernière partie agit à la manière d'un rhéotome, en pressant sur un bouton qui ferme le courant.

Conformément à ce qui se fait en Angleterre, on doit plutôt donner à cette pièce le nom de *contact maker* ou de contact.

Dans nos torpilles automatiques, le contact est fixé au couvercle d'une grosse boîte en fer à l'intérieur d'une caisse en fer hermétiquement fermée qui contient la poudre et l'amorce.

Une des deux pièces de métal qui doivent établir le contact lorsque le navire viendra choquer la roue, est en communication électrique avec l'un des pôles d'un exploseur placé sur le quai et dont l'autre pôle est lié avec une plaque plongée dans l'eau (plaque de terre). L'autre pièce métallique est reliée électriquement avec l'un des fils de l'amorce qui est dans la torpille et dont l'autre fil est fixé à la paroi intérieure de la torpille [1].

Le contact Abel-Elswick est placé dans une bouée conique retenue

---

[1] La torpille sert alors de plaque de terre. Voir mon rapport dans le 11e volume des *Mededeelingen*.

comme nos torpilles automatiques à une certaine profondeur sous l'eau, afin que les navires, en passant, puissent venir le choquer.

Ce flotteur est fixé par une chaîne ou un fil métallique à la torpille qui repose sur le fond de la passe, tandis qu'une des pièces métalliques du contact Abel est reliée électriquement avec l'amorce placée à l'intérieur de la torpille.

Si l'on place plusieurs torpilles hollandaises dans une passe de 20 mètres de profondeur, leur charge ne différera pas de celles qui sont immergées à 12 décimètres environ au-dessous du plan horizontal qui passerait par les contacts Abel des autres torpilles.

Si l'on place plusieurs torpilles anglaises dans une passe de 20 mètres de profondeur, leur charge doit être égale à celle des torpilles placées à environ 18 mètres au-dessous du plan horizontal qui passerait par les contacts.

Quoique je puisse dire à ma décharge que je n'ai pas pu trouver, dans les documents qui m'ont été communiqués par le ministère de la guerre, de détails précis sur les expériences entreprises ici pour répondre à cette question : de quelle manière se produit l'effet d'une torpille ? je crois pourtant que les considérations théoriques conduisent à admettre que l'action destructive d'une torpille au-dessous de la surface de l'eau est limitée par un sphéroïde [1].

Les charges des torpilles dont il est question ici sont très-grandes relativement à la profondeur à laquelle elles sont immergées.

Dans ces torpilles, les sections horizontales des sphéroïdes sont certainement de plus en plus grandes à mesure qu'on se rapproche du niveau de l'eau.

En faisant sauter une torpille profondément immergée, on peut remarquer que de deux objets placés verticalement l'un au-dessus de l'autre l'objet supérieur est brisé, et celui qui est en bas n'est pas endommagé.

Le contact Abel-Elswick qui est détruit par l'explosion d'une torpille qui saute à 100 pieds de lui, n'éprouverait sans doute aucun dommage s'il était à 50 pieds et dans le même plan horizontal que la torpille.

Sur le dessin de la planche XI, figure 71, les lignes courbes MNO et

---

[1] Voyez l'extrait des travaux de la commission de 1866, chargée des épreuves des torpilles et le rapport sur les travaux de la compagnie des torpilles dans le 4e volume des *Verslagen, Rapporten en Memorien*.

ABC représentent une section verticale faite dans le solide de révolution à l'intérieur duquel l'action destructive de la torpille s'exerce.

Je sais bien que c'est une représentation plus ou moins fidèle de ce qui se passera, mais elle peut servir pourtant à représenter le phénomène.

Dans la figure 64 de la planche IX, numéro d'octobre, on voit de quelle manière chaque torpille automatique à volonté peut, au moyen de deux câbles, se changer en une torpille dormante avec un avertisseur dynamogalvanique.

Au sujet des nombreuses conditions que doit remplir une bonne torpille automatique, le professeur Abel ajoute ce qui suit :

« Le but à atteindre dans cet appareil qui ferme les circuits et qui,
« est amarré de manière à se trouver sur la route d'un navire, est de
« placer sur le passage du navire un appareil qui ne soit pas affecté
« par les mouvements de l'eau, mais qui complète le circuit électrique
« entre le câble et l'amorce lorsqu'il est frappé en un certain point,
« ou lorsqu'il est dérangé de sa position par la marche du navire. Un
« grand nombre d'appareils ingénieux ont été proposés dans ce but et
« essayés, mais deux ou trois à peine ont donné de bons résultats ;
« car les conditions essentielles sont nombreuses et il n'est pas facile
« de les remplir toutes. Le mécanisme doit être simple et sensible
« sans l'être trop, malgré une longue immersion dans l'eau ; telles
« sont les conditions les plus importantes pour la construction de ces
« appareils destinés à fermer le courant ou à signaler le passage d'un
« navire. S'ils sont bien construits, ils contribueront puissamment au
« succès des dispositions à prendre pour la défense d'une passe au
« moyen des torpilles. »

Si l'on compare la description du contact Abel–Elswick avec le contact employé depuis 1867 par notre service de torpilles de la marine, on verra que les contacts anglais et hollandais sont conçus sur les mêmes principes.

La roue horizontale est la roue de contact v.

L'aiguille métallique qui oscille sur une douille est la tige de fer s. qui peut se mouvoir dans le joint a.

Le disque d'ébonite avec une face métallique et qui peut prendre un certain mouvement est l'anneau intérieur m.

L'autre anneau avec la face inférieure en métal et avec la garniture de caoutchouc est l'anneau extérieur p.

La bague de caoutchouc qui agit comme ressort est le disque de caoutchouc vulcanisé *h*.

Comme plusieurs officiers d'artillerie des Pays-Bas se sont appliqués à imaginer un bon appareil à contacts avec des ressorts d'acier, des amorces à percussion, etc., je crois utile de dire qu'à mon avis on a obtenu, en 1870, des résultats très-remarquables avec un appareil à contacts en tous points semblable à celui qui est en usage chez nous depuis si longtemps, et qui pourtant a été rejeté par quelques torpilleurs [1].

On s'est beaucoup préoccupé chez nous de savoir s'il ne vaudrait pas mieux placer la caisse à poudre de notre torpille au fond de l'eau et la séparer de l'appareil des contacts, mais je pense qu'une telle séparation de la torpille en deux parties ne doit pas être conseillée.

Le flotteur dans lequel est placé l'appareil des contacts doit avoir une grande poussée ou, en d'autres termes, la différence entre son poids et le poids de l'eau déplacée doit être notable.

Dans nos torpilles, cette différence s'élève de 125 à 200 kilogrammes.

On ne peut obtenir une poussée un peu grande qu'en donnant à la caisse un volume un peu considérable.

Il est certainement très-avantageux d'avoir une caisse assez petite pour l'appareil des contacts quand on place la charge de poudre au fond de l'eau, tandis que, dans le cas contraire, il faut une caisse volumineuse.

Les grandes difficultés qu'il faut surmonter pour placer une torpille automatique dans un cours d'eau rapide et profond ne sont nullement évitées quand on sépare la torpille de la caisse des contacts ; au lieu d'une grosse torpille, on en a une petite à placer, mais alors cette séparation entraîne des inconvénients [2] :

1° L'installation de la torpille est plus compliquée ;

2° La charge d'une torpille placée sur le sol dans un cours d'eau

---

[1] Voir entre autres : un rapport sur le barrage des rivières et les torpilles par P. A. H. Geraerds Thesing, pages 65, 66, 67, 68, 69. Les rapports des officiers de la compagnie des torpilles sur les expériences de 1869, dans le *Volkenrak* et le *Hartingvliet*. — Le rapport de la compagnie des torpilles sur les travaux de 1867, 1868.

[2] Voir pages 267, 268 du rapport de la séance du 27 mars 1869 de la réunion pour l'instruction des sciences militaires, et mon rapport dans le 13ᵉ volume des *Mededeelingen*.

profond doit être bien plus grande que celle d'une torpille qui doit être choquée par l'objet même qu'elle doit détruire ;

3° Les appareils à contacts placés au-dessus des grosses torpilles doivent en général être placés à une distance l'un de l'autre, telle que le plus grand navire ne puisse passer entre deux appareils sans les toucher [1].

Je conclurai donc en disant que, pour défendre les positions de Durgerdam, on devra préférer les torpilles automatiques néerlandaises aux torpilles automatiques anglaises décrites dans le *Mechanic's Magazine* [2].

Expériences sur l'inflammation des torpilles au moyen des piles.

Dans mon rapport du 14 mars 1870, j'ai déjà parlé d'une lecture faite par le professeur Abel, en 1869, sur l'emploi de l'électricité comme moyen d'inflammation des torpilles.

On trouve entre autres choses dans ce mémoire :

Les seules sources d'électricité qui remplissent complétement les conditions nécessaires pour déterminer, d'une manière certaine, l'explosion des torpilles automotrices, sont les piles, etc.

Ainsi, un certain nombre d'éléments de Daniell ou de piles à sable, incapables de porter au rouge un fil de platine, font sauter une fusée Abel sans aucune exception, etc.

On peut rapidement préparer une pile simple et puissante, et il n'y a pas d'instrument plus simple, plus portatif ou plus économique comme exploseur qu'une pile ordinaire qui exige seulement pour sa construction un morceau de bois dur, quelques feuilles de zinc et de cuivre, une vieille couverture et un peu de vinaigre ou de sel marin. Une pile composée de 120 éléments et dont les couples ont 68^{mm} de diamètre est très-portative et suffit pour faire sauter une amorce dans un circuit simple, ou trois ou quatre amorces en circuit dérivé.

Dans quelques expériences que j'ai faites au sujet de l'inflammation de la poudre au moyen du fil de platine porté au rouge, j'ai réussi à rougir un fil de platine de 0,08 de millimètre avec 8 éléments Leclan-

---

[1] Voir pages 61, 69 de mon rapport dans le 11° volume des *Mededeelingen*.

[2] Royal institution of Great Britain, weekly evening meeting. — Vendredi, 12 mars 1869. F. A. Abel F. R. S. On some applications of electricity to naval and military rurposes.

ché réunis en batterie, et un fil de platine de 0,15 de millimètre avec trois groupes d'éléments réunis en série, chaque groupe se composant de 8 éléments disposés en batterie. Le résultat s'obtenait bien quand le fil de platine était réuni aux pôles de la pile par des fils peu résistants.

N'ayant pu, dans les expériences que j'ai faites, faire sauter une amorce Abel avec 24 éléments Leclanché disposés comme je viens de le dire, je me suis décidé à demander l'autorisation d'acheter des amorces et une pile semblables à celles dont il est question dans le mémoire du professeur Abel.

Aussitôt que j'eus reçu cette autorisation, je m'adressai à MM. Kipp et fils, à Delft, correspondants de M. W. Ladd, constructeur d'instruments de M. Abel.

M. Ladd m'envoya de suite les amorces, et un mois après la pile.

En me l'envoyant, il m'écrivit :

« La pile dont il est question dans le mémoire du professeur Abel est une pile de 100 éléments de 5 centimètres de diamètre, zinc, cuivre et flanelle. On peut la mettre dans un très-petit espace ; quand elle vient d'être excitée en la trempant dans de l'eau salée pendant quelques instants, elle suffit pour faire sauter les amorces que je vous envoie. »

Dans les expériences faites, en avril 1870, avec la pile à colonnes fournie par M. Ladd à la marine, et dont la construction était assez défectueuse, je ne réussis à faire sauter aucune amorce.

Après avoir fait réparer la pile, je reconnus qu'en mouillant avec de l'acide sulfurique les morceaux de flanelle placés entre les couples on pouvait faire sauter une amorce.

Il est juste de remarquer qu'une pile de Volta ainsi excitée par l'acide sulfurique est très-peu constante, et qu'elle ne peut plus servir au bout de quelques instants.

A mon avis, il n'y a pas besoin d'autre preuve pour conclure que la pile que nous avons reçue d'Angleterre est tout à fait impropre à servir d'exploseur pour les torpilles.

Les résultats des expériences faites avec la pile de Volta m'excitèrent à étudier de nouveau quelle serait la meilleure manière d'assembler les éléments de Leclanché pour faire sauter les amorces.

De ces recherches, j'ai conclu que, pour faire rougir un fil de platine, il faut disposer la pile tout autrement que pour faire sauter une amorce.

Le professeur Abel n'avait pas tort de dire qu'avec un nombre d'éléments incapable de faire rougir un fil de platine on pouvait faire sauter une amorce.

En employant des éléments Leclanché, on peut dire avec autant de raison : avec une pile qui ne peut pas faire sauter une amorce Abel, on peut très-sûrement faire rougir un fil de platine.

Il ne faut pas perdre de vue que si l'on emploie des plaques de terre et une douzaine de mètres de conducteurs allant de la pile à l'amorce, il faudra beaucoup plus d'éléments avec l'amorce au fil de platine qu'avec une amorce Abel.

En réfléchissant à ce que les expériences précédentes m'avaient appris, je résolus de faire quelques épreuves sur une grande échelle, au sujet de l'inflammation des amorces chimiques au moyen des piles.

Ces expériences furent faites sur le Rijkswerf et à Durgerdam, avec une pile composée d'éléments Leclanché disposés en batterie.

Dans les expériences du Rijkswerf, les amorces à enflammer furent placées entre deux fils conducteurs, l'un de 5 mètres fixé à l'un des pôles, et l'autre de 1,140 mètres attaché à l'autre pôle de la pile.

De cette façon, on pouvait employer des piles de différentes forces.

Avec 8 éléments Leclanché disposés en batterie, on ne put faire sauter aucune torpille d'épreuve.

Avec 12 éléments réunis en batterie, six amorces expérimentales d'Abel sautèrent l'une après l'autre ; la première après une seconde, la deuxième après 5 secondes, la troisième après 10 secondes, la quatrième après 43 secondes, la cinquième après 45 secondes et la dernière après 100 secondes.

J'avais depuis l'année 1869 les amorces nos 1, 2, 3. Les amorces nos 4 et 5 m'avaient été envoyées en 1870. L'amorce no 6 était entre mes mains depuis 1868.

Avec 24 éléments Leclanché réunis en batterie, six amorces Abel partirent séparément, trois aussitôt qu'on les eut attachées, la quatrième au bout d'une seconde, la cinquième au bout de 3 secondes et la sixième au bout de 6 secondes.

Avec 32 éléments en batterie, des amorces Abel et une de Delft éclatèrent, tandis qu'une autre amorce de Delft n'était pas partie même au bout de 2 minutes.

Les amorces anglaises sont toutes parties aussitôt qu'on les a mises en contact avec les fils conducteurs, la première amorce de Delft n'est partie qu'au bout de 15 secondes.

Avec 44 éléments Leclanché disposés en batterie, on a obtenu les résultats suivants :

Une amorce anglaise saute aussitôt qu'on établit la communication avec les fils conducteurs.

Une amorce de Delft ne saute pas même après 2 minutes.

Une seconde amorce de Delft ne réussit pas mieux.

Une amorce de Delft part de suite.

Une amorce de Delft part au bout de 3 secondes.

On assemble entre elles 3 amorces anglaises à la suite l'une de l'autre, une seule saute [1].

Cette expérience répétée donne toujours le même résultat.

Au contraire, en réunissant aux fils de la pile trois amorces indépendantes les unes des autres, elles sautent immédiatement.

En recommençant l'épreuve, elle donne le même résultat.

Deux amorces de Delft sont assemblées entre elles et ne sautent qu'après 80 secondes.

On attache aux fils de la pile trois amorces de Delft indépendantes l'une de l'autre : l'une saute aussitôt, la seconde 5 secondes après, et la dernière ne part pas.

Pour les expériences faites dans le canal qui va de Immetjes-Horn à Durgerdam, la pile est placée à la station des torpilles, et les amorces ou les torpilles d'épreuve sur la canonnière n° 7 amarrée en rade.

Des deux pôles de la pile, l'un est réuni avec une plaque de cuivre plongée dans l'eau, et l'autre avec le bout d'un câble sous-marin de 1,100 mètres qui relie la station et la canonnière, et qui est presque entièrement immergé.

De chacune des amorces placées à bord de la canonnière part un fil qui va au câble sous-marin, et un autre qui se rend à une plaque de cuivre plongée dans l'eau.

Les observateurs placés, l'un à bord de la canonnière, et l'autre à la station des torpilles, notaient, au moyen d'un signal, l'instant où le

---

[1] Voir mes rapports dans les livraisons 11 et 13 des *Mededeelingen betreffende het Zeewesen*.

circuit de la pile était fermé ou bien ouvert, et celui où chaque amorce sautait.

Avec 24 éléments Leclanché assemblés en batterie, trois amorces anglaises sautèrent l'une après l'autre, la première au bout de 11 secondes, la deuxième après 3 secondes, et la dernière aussitôt la fermeture du courant.

Avec 36 éléments assemblés en batterie, deux amorces anglaises partirent l'une après l'autre, la première après 4 secondes et la deuxième aussitôt la fermeture du courant.

Avec 44 éléments assemblés en batterie, on obtient les résultats suivants :

Une amorce anglaise part immédiatement.

Une seconde amorce anglaise part aussitôt.

Même chose pour une amorce de Delft.

Même résultat avec deux autres amorces de Delft.

· Avec deux amorces anglaises attachées aux deux pôles, mais indépendantes l'une de l'autre, l'une part de suite, l'autre au bout de 3 secondes.

Avec trois amorces anglaises attachées aux deux pôles, mais indépendantes l'une de l'autre, l'une part de suite, la seconde au bout de 3 secondes, et la dernière au bout de 10 secondes.

Deux amorces de Delft assemblées partent ensemble au bout de 85 secondes.

Deux autres amorces de Delft sont assemblées, l'une part de suite et la seconde au bout de 10 secondes.

Deux autres amorces de Delft sont essayées de même, l'une saute au bout de 40 secondes et l'autre rate.

Une comparaison attentive des résultats que je viens de rapporter avec ceux que j'ai obtenus en me servant des appareils d'induction, n'a pas pu me convaincre de la supériorité des piles sur les appareils d'induction pour l'inflammation des amorces.

Si l'on emploie pour charger les torpilles de la poudre coton ou de la poudre brisante qui ne soit pas lustrée, on reconnaîtra qu'il suffit de placer une seule amorce dans la torpille. Tant que des expériences systématiques n'auront pas montré qu'une seule amorce suffit même pour les plus fortes torpilles, je crois que l'emploi des appareils d'induction doit être recommandé pour faire éclater les mines sous-marines.

Il est possible que je fusse arrivé à une autre conclusion, si j'avais, eu à ma disposition 4 ou 500 éléments de pile, par exemple. J'y ai bien songé, mais il ne m'est nullement démontré qu'il faille moins de soin et d'attention pour assembler 500 éléments Leclanché, que pour disposer deux appareils de Ruhmkorff, chacun avec 24 éléments Leclanché.

Je dois encore ajouter comme conséquence de mes observations, que l'inflammation de l'amorce a presque toujours lieu aussitôt la fermeture du courant induit, et qu'une fois peut-être l'inflammation a précédé la fermeture, tandis qu'avec une pile l'inflammation de l'amorce tarde toujours un peu. Ce retard est sans doute très-faible, mais on l'observe toujours.

En réfléchissant à cette circonstance, il m'est venu à l'idée une question importante à laquelle je ne suis pas encore en mesure de répondre, à savoir : si le contact des pièces métalliques placées à l'intérieur ou au-dessus de la torpille ne devrait pas être produit plutôt par un courant galvanique que par un courant induit.

La solution de cette question est d'une grande importance, parce que les contacts ne peuvent plus être nettoyés aussitôt que la torpille est mise en place.

Exercices et expériences diverses.

Le 5 juin 1870, le lieutenant de 1re classe A. G. M. van Emde fut nommé au commandement de la canonnière n° 7, à la place du lieutenant de 1re classe A. J. Willekens, et à la même date le lieutenant de 2e classe A. G. Ellis fut embarqué à bord du stationnaire d'Amsterdam, à la place du lieutenant de 2e classe H. J. van der Mandele.

Les lieutenants van Emde et van der Mandele prirent part à nos travaux jusqu'au 15 novembre 1870, époque à laquelle ils furent mis en non-activité ainsi que le lieutenant de 1re classe J. A. Baart de la Faille pour recevoir une destination aux Indes orientales.

La nomination des lieutenants Willekens et Ellis dans le service des torpilles m'engagea à consacrer aux exercices de torpilles une partie du temps qui avait été réservé pour les expériences.

Quant à la manière dont le personnel a été exercé sous ma direction aux travaux des torpilles et des autres instruments en usage dans le service des torpilles, je renverrai à mes précédents rapports.

Il m'est très-agréable de reconnaître ici que dans ces exercices nous n'avons trouvé aucun défaut au matériel de la marine et que nos torpilles et tous nos instruments ont toujours bien fonctionné.

Pour déterminer l'instant précis de l'inflammation des torpilles dormantes, notre instrument de relèvement nous a donné de très-bons résultats.

S'il avait été possible de faire, d'après les idées de Maury, un instrument de relèvement qui eût fermé et ouvert automatiquement le courant, nous n'aurions pas pu obtenir de meilleurs résultats que ceux que nous avons eus avec les instruments si simples de la marine.

Avec ces instruments, on peut relever un grand nombre de torpilles placées en ligne.

Une torpille automatique de l'usine Paul van Vlissingen et Dudok van Heel a été livrée à la marine : elle a été mouillée du 19 juillet au 17 septembre, et choquée pendant ce temps par beaucoup de navires sans avoir été avariée le moins du monde.

Dans le but de rechercher si, lorsqu'une torpille est restée longtemps dans l'eau, on peut avoir confiance dans le joint des deux câbles au moyen d'un tube d'assemblage, j'ai plongé dans l'eau, du 16 mars au 3 novembre 1870, dans le dock de l'arsenal à Amsterdam, deux conducteurs reliés par notre tube de raccord.

En relevant ces câbles, je les ai trouvés en très-bon état bien que fortement garnis de coquilles ; l'isolement produit par le tube ne laissait rien à désirer.

Dans le canal d'Immetjes-Horn à Durgerdam, il y a eu 3 à 4 mètres de différence entre la pleine mer et la basse mer, et le courant est très-faible.

En plaçant la torpille automatique, il faut l'attacher à une chaîne ou à une tige en fer terminée par un bloc assez lourd.

Avant de bien connaître la passe de Durgerdam, j'ai dû chercher une disposition commode, une coulisse de fer avec un linguet, au moyen duquel on pourrait faire passer la chaîne dans une poulie qui amènerait la torpille à la profondeur voulue sous l'eau.

La conviction qu'un crapaud à rouet rendrait de grands services dans les passes où il faut fixer la torpille à trois ou quatre ancres, m'a engagé à poursuivre mes études.

Après beaucoup d'essais, je suis arrivé, dans l'été de 1870, à construire un crapaud qui a parfaitement répondu à mon attente.

Ce crapaud, qui est représenté planche X, a été essayé avec une torpille successivement pendant quatorze jours, et, pendant cette période, de temps à autre on faisait passer une canonnière sur la torpille.

D'après la circulaire ministérielle du 21 octobre 1869, j'ai fait construire diverses pièces de matériel à l'usine Paul van Vlissingen et Dudok van Heel.

Bien qu'à différentes reprises on ait dû refuser les torpilles présentées par cette usine, elle a fini par en fournir de très-bonnes à la marine.

L'expérience que j'ai acquise m'a appris qu'il est très-avantageux, quand on désire se procurer des torpilles en s'adressant à des particuliers, de donner à chaque fabricant un modèle complet.

En conséquence, j'ai demandé et obtenu l'autorisation de faire confectionner quelques torpilles à l'arsenal.

On trouvera plus loin (Annexe III) la liste des torpilles que possède, en approvisionnement, la direction de la marine à Amsterdam.

Pour répondre à une demande de ma part, M. Loder, ingénieur de la marine, a fait le plan d'un bateau destiné à porter et mouiller les torpilles.

Les dispositions suivies dans ce plan pour poser et manier les torpilles, les câbles, etc., ont été prises par M. Loder, d'après mes indications.

L'ingénieur en chef de la marine, B. J. Tideman, a été chargé, par une circulaire ministérielle du 14 mai 1870, de faire préparer un projet complet de navire à vapeur destiné à porter les torpilles et de s'entendre avec moi sur les dispositions à donner à ce navire.

Dans ce but, M. Tideman, le 20 juin 1870, a donné un plan des dessins, un devis, et a indiqué l'endroit où l'on pourrait faire construire ce navire, dont le prix a été évalué à 80,000 francs. On trouvera plus loin, planche XI, le plan de ce navire.

Dans un navire construit d'après ce projet, on peut placer douze de nos torpilles avec les accessoires.

Les dispositions des grues, des tourets pour les câbles et des freins sont indiquées sur le plan.

Au mois de novembre 1870, l'usine Paul van Vlissingen et Dudok van Heel a livré à la marine une grande chaloupe à vapeur bien aménagée.

Ce joli navire a donné de bons résultats dans une première épreuve qu'il a subie sur l'Ij et a été classé dans le matériel du service des torpilles sous le nom de chaloupe à vapeur pour les torpilles de l'artillerie.

Je divise en deux espèces les torpilles qui sont destinées à défendre une passe, ce sont les torpilles dormantes et les torpilles automatiques.

Les torpilles armées sont d'après moi les torpilles qui peuvent sauter par suite de l'action qu'exerce sur elles un navire ennemi.

Toutes les torpilles qui éclatent par le choc sont des torpilles automatiques.

Avertisseurs magnéto-électriques.

Je donne le nom de torpilles dormantes aux torpilles dont la charge doit être enflammée par un observateur, au moment où il juge que le navire ennemi est dans le cercle dans lequel la torpille peut exercer son action destructive.

Une torpille automatique dont une partie sort de l'eau comme une bouée ne peut exercer aucun effet.

Si la distance d'une torpille automatique au niveau de l'eau est plus grande que le tirant d'eau du navire ennemi, celui-ci n'a rien à craindre.

Chaque torpille automatique doit donc être immergée et amarrée au fond de telle sorte que sa distance au niveau de l'eau ne puisse varier qu'entre des limites données [1].

En plaçant les torpilles automatiques dans des passes profondes où il y a du courant et où l'eau marne beaucoup, on ne peut arriver à ce résultat qu'avec beaucoup de difficultés.

Dans quelques-unes de ces passes les torpilles automatiques doivent être tenues par deux et trois ancres. A mon avis, on ne peut pas préciser les passes dans lesquelles, en Hollande, on peut établir d'une manière avantageuse les torpilles automatiques, avant d'avoir étudié chaque passe en particulier [2].

---

[1] Toutes les torpilles doivent satisfaire à cette condition, aussi bien les torpilles automatiques de notre marine que celles de Raines, de la compagnie néerlandaise des torpilles.

[2] Voir pages 267, 268 du rapport sur la séance du 27 mars 1869 de la réunion pour l'étude des sciences militaires, mon premier rapport sur l'état des torpilles aux Pays-Bas, le 22 mai 1867 et mon rapport du 13e volume des *Mededeelingen*.

Les torpilles dormantes de notre marine sont destinées à être placées au fond de l'eau.

Elles sont bien plus faciles à placer que les torpilles automatiques.

Il n'y a, je pense, aucune difficulté insurmontable à placer les torpilles dormantes de la marine dans les endroits où la commission de défense des côtes décidera avantageux de les mouiller.

Sans doute la question se complique parce qu'il faut donner une grosse charge aux torpilles qui doivent reposer au fond de l'eau.

Quand on emploiera les torpilles dormantes, la plus grande difficulté consistera à déterminer le moment où il faudra enflammer la charge d'un ou plusieurs de ces engins.

Si plusieurs navires ennemis se présentent en plein jour dans nos passes défendues par des torpilles dormantes semblables à celles qui ont été étudiées sous ma direction, nos instruments de relèvement sont si bons qu'il y a bien des chances pour que l'explosion d'une de nos torpilles mette un navire hors de combat.

Si plusieurs navires ennemis se présentent de front, les chances de leur barrer le passage sont beaucoup moindres.

Pendant la nuit ou par un temps de brume, il sera impossible de déterminer avec quelque précision l'instant où il faut enflammer une ou plusieurs torpilles.

Après avoir pesé les avantages et les inconvénients attachés à l'emploi de chacune des espèces de torpilles, je crois qu'il est de mon devoir d'appeler l'attention de mes supérieurs sur l'instrument inventé par le vérificateur adjoint des instruments de la marine pour faire découvrir par l'action du magnétisme le moment où un navire cuirassé passe au-dessus d'une torpille.

Si cette idée qui, autant que je le sais, est venue pour la première fois à M. P. J. Kaiser peut être mise en pratique lors de l'entrée de navires cuirassés ennemis dans une passe défendue par des torpilles, nous serons débarrassés d'observations difficiles pour saisir l'instant où l'explosion devra se produire sans être obligés de renoncer aux avantages que présente l'emploi de torpilles placées au fond de l'eau.

Dans mon rapport du 22 décembre 1868, je disais que M. le Dr P. J. Kaiser m'avait montré un appareil magnéto-galvanique qui pouvait signaler la présence d'un ponton à charbon, doué d'une force magnétique peu intense, pourvu qu'il fût placé à une distance donnée de l'appareil.

M. Kaiser a placé depuis dans une caisse fermée, en cuivre et de forme sphérique, l'instrument qu'il a inventé, et il a donné à cette caisse le nom d'avertisseur.

En 1869, M. Kaiser m'a donné l'occasion d'assister aux expériences qu'il a faites avec son instrument et un canot en fer, dans les fossés de la ville.

D'après la circulaire ministérielle du 17 mai 1870, j'ai été invité à me rendre, le 27 mai 1870, à Leyde, pour expérimenter l'appareil de M. P. J. Kaiser, et voir s'il était susceptible d'être essayé par une commission.

A la suite de mon rapport relatant les expériences que j'ai faites à Leyde, une commission fut nommée pour voir si l'appareil de M. le vérificateur adjoint des instruments de la marine pouvait être de quelque utilité dans le système des torpilles.

Au moment où tout était prêt à Amsterdam pour essayer l'avertisseur, la guerre se déclara entre la France et la Prusse.

On ne pouvait songer alors à réunir une commission pour faire des expériences.

Les études que devait faire la commission me furent confiées par la circulaire ministérielle du 8 août 1870, avec l'autorisation de m'entendre avec M. P. J. Kaiser et de faire construire une demi-douzaine d'avertisseurs, si cela était nécessaire.

Parmi les différentes conditions que doit remplir un bon avertisseur, on doit remarquer qu'il doit fonctionner avec très-peu de magnétisme et que son action doit être tout à fait indépendante de la position qu'on peut lui donner au fond de l'eau et de la direction que suit le navire cuirassé qui passe au-dessus de lui.

Je ne peux pas faire connaître ici les moyens que M. P. J. Kaiser emploie pour atteindre son but, mais je crois pouvoir indiquer les résultats de quelques expériences que nous avons faites.

Dans les expériences que j'avais faites à Leyde, l'avertisseur était à une profondeur de 21 décimètres sur le fond du fossé et l'on passait au-dessus avec un bateau qui calait 4 décimètres.

On faisait passer le bateau au-dessus de l'avertisseur en le tirant avec des amarres, tantôt dans un sens, tantôt dans l'autre, de sorte qu'une fois l'avant se présentait le premier, puis c'était la poupe.

Quand on halait le bateau en avant, son passage était indiqué par un galvanomètre placé sur le quai au moment où l'avant se trouvait à environ 2 mètres de l'endroit au-dessous duquel était placé l'avertisseur.

Quand on halait le bateau par l'arrière, sa présence était indiquée par le galvanomètre, mais seulement quand il était verticalement au-dessus de l'avertisseur.

En faisant passer le bateau dans une direction N.-E. et S.-O., on avait les mêmes résultats qu'en le faisant passer N.-O. et S.-E. Dans le but de rechercher si un objet en fer placé au hasard sur le fond d'une passe dans le voisinage de l'avertisseur pouvait exercer sur lui une action perturbatrice, j'ai fait placer sur le fond de la passe, à une distance déterminée de l'avertisseur, un panneau de fer du bateau.

En le plaçant à 5 décimètres de l'avertisseur, sa présence fut accusée par un galvanomètre placé sur le quai.

La force magnétique de ce panneau, qui pesait à peine 15 kilogrammes, était donc assez forte pour déterminer la fermeture du courant.

Quand la distance du panneau à l'avertisseur était de 12 décimètres, la force magnétique de ce morceau de fer n'était plus indiquée au galvanomètre.

Le courant dans ce cas n'est pas fermé, mais la sensibilité de l'avertisseur est augmentée.

Il en résulte donc que la présence d'une chaloupe en fer peut être bien indiquée par l'avertisseur sur le galvanomètre, quand sa distance à l'avertisseur ne dépasse pas 12 décimètres, et qu'elle n'est pas accusée quand cette distance est plus grande.

J'ai eu encore quelques autres occasions de faire à Amsterdam des expériences avec l'avertisseur Kaiser.

Dans une de ces occasions, l'avertisseur était par 2 mètres de profondeur sur le fond du bassin, entre deux longues perches dont les extrémités, éloignées l'une de l'autre de 2 mètres, étaient enfoncées dans le fond du bassin tandis que les autres bouts dépassaient l'eau comme des bouées. Quand l'avertisseur eut été relié avec un galvanomètre placé sur le quai, un bateau en fer qui calait 7 décimètres, passa à diverses reprises sur le point où était l'avertisseur.

On passa à différentes reprises et dans différentes directions avec le sloop à vapeur de l'arsenal, tantôt à grande vitesse, tantôt lentement entre les piquets qui sortaient de l'eau.

Chaque fois que la cheminée du sloop à vapeur se trouvait droit au-dessus de l'avertisseur, sa présence était indiquée par le galvanomètre placé sur le quai.

Dans une autre occasion, on profita du retour du monitor *Bloedhond* à l'arsenal (après une sortie d'expérience sur l'Ij) pour faire passer le navire sur l'avertisseur.

L'avertisseur fut alors mis à une profondeur de 5^m72 sur le fond du canal.

La présence du monitor, qui s'avançait lentement dans la passe, fut accusée par un galvanomètre placé sur le quai au moment où l'avant du navire était arrivé à 4 mètres de l'endroit au-dessus duquel était l'avertisseur.

Dans les expériences que j'ai faites avec cet appareil au premier moment, quand on venait de le mettre au fond de l'eau, on ne pouvait pas s'en servir à cause de l'agitation de l'aiguille.

Au bout de quelques minutes, l'aiguille vient au repos et sa position n'est plus alors troublée jusqu'au moment où l'on relève l'appareil.

En plaçant l'avertisseur sur le quai, il arrivait qu'une très-faible oscillation du sol suffisait à établir quelquefois le contact dans l'appareil. Il s'ouvrait alors et se refermait plusieurs fois.

C'est là une raison de supposer que l'action d'un avertisseur placé sur le fond d'une passe doit être détruite par l'inflammation d'une torpille chargée, placée de 20 à 30 mètres de l'instrument.

Il n'est pas impossible, bien que ce soit peu probable, qu'un coup de canon tiré sur le bord d'une passe exerce quelque effet sur un avertisseur placé au fond de l'eau.

Ce n'est que par l'expérience que l'on peut apprendre si ces actions perturbatrices peuvent ou non empêcher de se servir de cet appareil.

Si avec des navires doués d'actions magnétiques très-différentes, on passe sur un avertisseur, tous ces navires ne signaleront pas leur présence à la même distance de l'appareil dont ils fermeront le courant.

De deux navires de même tirant d'eau, mais doués d'actions magnétiques différentes, celui qui aura l'action magnétique la plus forte signalera le premier son approche.

Si la sensibilité de l'avertisseur est réglée de telle sorte que la présence d'un navire doué d'une très-petite force magnétique soit accusée au moment où il entre dans le cercle d'action destructeur d'une torpille, la présence d'un autre navire sera signalée trop tôt.

A la suite de ces objections faites par moi, en 1868, à M. Kaiser, il prépara un autre appareil magnéto-galvanique modifié, dans lequel la présence de chacun des pôles magnétiques d'un navire était séparément accusée.

Avec cet instrument, s'il fonctionne bien, on devra pouvoir observer si l'action de l'un des pôles magnétiques du fer d'un navire cuirassé qui s'approche d'une torpille, est compensé par celle de l'autre pôle magnétique du même navire.

Il n'est pas vraisemblable que l'équilibre entre les actions des deux pôles magnétiques du navire sur l'aiguille aimantée puisse avoir lieu sans qu'une partie du navire se projette verticalement sur l'avertisseur.

L'appareil magnéto-galvanique que M. Kaiser m'a présenté le 27 mai 1870 est moins simple et probablement moins sensible que l'appareil avertisseur que j'ai essayé.

M. Kaiser pense pourtant que l'on doit employer le second des deux appareils qu'il a inventés, si, dans les expériences avec les navires cuirassés, on reconnaissait que le premier ne remplît pas complétement le but.

L'expérience que désire faire M. Kaiser est à mon avis la meilleure; elle consiste à placer dans une passe un peu profonde quelques avertisseurs, autant que possible, en ligne droite, et à des distances convenables les uns des autres, puis à faire passer de grands et de petits cuirassés au devant de la ligne suivant laquelle sont placés les appareils.

Pour pouvoir juger du degré de certitude de la présence d'un navire qui passe sur un avertisseur, il faut savoir au juste sur quel avertisseur passe le navire.

Dans des expériences comme celles de l'arsenal d'Amsterdam, on peut facilement placer les avertisseurs entre deux pieux fichés dans le sol et dépassant le niveau de l'eau à la manière des balises, mais cela devient très-difficile dans un canal où l'on doit manœuvrer avec des monitors.

Dans un canal où il y a beaucoup de courant, on ne peut pas mouiller une bouée qui reste visible, si la chaîne qui la tient au fond n'a pas trois à quatre fois la profondeur de l'eau.

On ne doit donc pas s'attendre, en plaçant des bouées, à pouvoir indiquer, avec une certitude suffisante, le chemin que doit suivre le navire.

Il faut éviter de mouiller des objets flottants qui pourraient venir s'engager dans les hélices.

Il peut se faire que le lieu des expériences permette de placer pour chaque torpille des marques en long et en travers, de manière que, à bord du navire cuirassé, on puisse reconnaître sur quelle torpille passe le navire, mais je pense que cela n'arrivera pas souvent, et que pour arriver à connaître la position on devra avoir recours à des relèvements pris de deux stations établies sur le quai à quelques centaines de mètres l'une de l'autre et reliées par une communication télégraphique.

D'après une résolution indiquée plus haut, sept avertisseurs ont été fournis à la marine, avec leurs galvanomètres et leurs commutateurs.

C'est avec un des avertisseurs qui avait été livré avant les autres qu'ont été faites les expériences du dock de l'arsenal à Amsterdam.

Je ne suis pas autorisé à décrire ici complétement ces expériences ; je dois me borner à dire qu'elles nous ont appris qu'avec une torpille dormante et un avertisseur magnéto-électrique, on doit employer ou bien deux conducteurs ou bien un câble télégraphique à deux âmes.

Les sept avertisseurs sont encore entre les mains de M. P. J. Kaiser, qui doit les terminer.

Le projet consiste à placer au fond du dock, quand le temps le permettra, quatre de ces appareils à des distances convenables les uns des autres et à faire passer sur eux des monitors.

S'il arrive dans ces expériences que chacun des avertisseurs signale le passage du monitor avec une précision suffisante, alors je demanderai l'autorisation de faire sur l'Ij des expériences avec les six avertisseurs en même temps.

Parmi les questions qui se rattachent à l'emploi des torpilles à avertisseurs, on trouve celle-ci : faut-il placer un avertisseur entre deux torpilles fixées au fond d'une passe, ou bien chaque torpille doit-elle avoir son avertisseur propre.

Cette question m'a conduit aux considérations suivantes :

Si un avertisseur est placé séparément sur le fond d'une passe il faudra veiller avec plus de soin à ce qu'il n'éprouve aucun choc que s'il était à l'intérieur d'une torpille.

En plaçant les avertisseurs à certaines distances de leurs torpilles, on pourra employer des torpilles en fer ; tandis qu'une caisse de torpille qui doit contenir son avertisseur magnéto-galvanique doit être faite en cuivre.

Il importe peu, quand la torpille contient son avertisseur, qu'elle soit placée juste à la place assignée, ou à quelques mètres.

Si quelques avertisseurs ne sont pas placés avec une grande exactitude à la distance voulue de leurs torpilles, il peut arriver que l'avertisseur d'une torpille sur laquelle un navire ennemi ne se dirige pas marche avant celui de la torpille sur laquelle va passer le navire.

En faisant les expériences dans un bassin où l'on place séparément les torpilles et les avertisseurs, on ne trouve, il est vrai, aucune difficulté considérable, mais il n'est évidemment pas facile de mouiller profondément deux objets avec une grande exactitude, à une distance voulue dans une eau profonde et parcourue par un fort courant.

En attendant ce que de nouvelles expériences nous feront connaître, je suis d'avis que chaque avertisseur doit être placé dans la torpille à laquelle il appartient.

Si une torpille avec un avertisseur est placée sur le fond d'une passe, l'avertisseur a un peu moins à craindre.

Un avertisseur doit pouvoir, sans être altéré, supporter la manœuvre que l'on est obligé de faire pour mettre une torpille à l'eau.

La meilleure méthode pour éprouver si un avertisseur est assez fort pour servir en temps de guerre consiste, à mon avis, à employer un ou plusieurs avertisseurs précisément de la même manière qu'ils doivent servir en cas de guerre.

Comme conséquence de ces observations, j'ai demandé l'autorisation de faire construire à l'arsenal une torpille en cuivre sur un modèle que j'ai indiqué de concert avec M. P. J. Kaiser.

On peut d'une torpille munie d'un avertisseur faire aussi bien une torpille dormante qu'une torpille automatique.

Lorsqu'une torpille dormante munie d'un avertisseur est placée sur le fond d'une passe, on peut, en faisant passer un navire cuirassé au-dessus, reconnaître si son avertisseur est en bon état.

Un avertisseur peut être en bon état sans qu'on puisse rien préjuger de l'état des amorces qui y sont placées, ou du câble, à moins que le courant qui passe par l'avertisseur ne traverse aussi l'amorce.

Je n'ai pas encore trouvé d'amorce à travers lesquelles on puisse faire passer un courant capable de faire parler un avertisseur sans craindre que ce courant ne fasse sauter une ou plusieurs des amorces de la torpille.

Quand l'avertisseur est attaché à la torpille dormante, il faut employer deux conducteurs isolés.

Quand une torpille automatique est chargée, on ne peut plus, sans danger de la faire sauter, essayer si son avertisseur est en bon état.

Si le contact d'une torpille automatique munie d'un avertisseur est fermé d'une manière convenable, la charge de la torpille doit s'enflammer.

L'inflammation pourrait aussi se produire si l'aiguille aimantée d'une torpille sur laquelle aucun navire ne passe venait à se mettre en mouvement par suite de l'explosion d'une autre torpille au-dessus de laquelle se trouverait un navire cuirassé.

Comme il est bien plus facile de placer une torpille avec un seul câble qu'avec deux, les torpilles automatiques sont bien plus commodes, puisqu'elles n'exigent qu'un seul conducteur.

On peut être aussi sûr de placer convenablement une torpille automatique qu'une torpille dormante à avertisseur.

La charge d'une torpille automatique ne peut s'enflammer si l'on a rompu la communication électrique entre la torpille et la pile placée sur le quai de la station.

Par un beau temps, un officier de service verra très-bien si les navires qui se dirigent sur une torpille automatique sont ou non ennemis, de même qu'il pourra voir si le navire dont le passage a été accusé par l'avertisseur est ou non un navire ennemi.

Il est aussi facile d'exécuter pendant la nuit l'ordre de mettre les torpilles automatiques en communication avec leur exploseur, que celui de ne faire sauter aucune torpille avant que le passage d'un navire sur la torpille ait été accusé par l'avertisseur.

Amsterdam, 10 janvier 1871.

Annexe I.

Expériences de torpilles avec des torpilles cylindriques en tôle

DATE.	DISTANCE de la torpille à l'instr. de mesure.	POIDS du radeau	VOLUME de la torpille.	CHARGE	NOMBRE d'amorces de la torpille.	PROFONDEUR de l'eau.	IMMERSION de la torpille.	ÉPAISSEUR de la torpille.	HAUTEUR de la colonne d'eau.
	mètr.	kilogr.	litres.	kilogr.		mètr.	mètr.	millim.	mètr.
8 juillet 1870........	1000	935	130	100	5	6	4	5	34.2
24 août —	1007	1025	130.5	Idem.	4	Idem.	Idem.	5	30.5
9 juillet —	996	1010	129.5	Idem.	5	Idem.	Idem.	8	32.3
11 — —	1000	1025	127.5	Idem.	5	Idem.	Idem.	11.5	30.3
13 — —	1009	1020	246	190	6	6	4	5	48.6
14 — —	1000	971	242	Idem.	Idem.	Idem.	Idem.	8	54.6
18 — —	1000	1025	249.5	Idem.	Idem.	Idem.	Idem.	11	43.3
15 juin —	847	42	125	10	1	3	2	3	26.5
16 — —	848	Idem.	Idem.	Idem.	Idem.	Idem.	Idem.	Idem.	25.3
16 — —	848	Idem.	Idem.	Idem.	Idem.	Idem.	Idem.	Idem.	29.0
17 — —	850	Idem.	Idem.	Idem.	Idem.	Idem.	Idem.	Idem.	29.1
18 — —	849	Idem.	Idem.	Idem.	Idem.	Idem.	Idem.	Idem.	26.1
20 — —	849	Idem.	Idem.	Idem.	Idem.	Idem.	Idem.	Idem.	29.9
1 août —	992	Idem.	Idem.	Idem.	Idem.	5.5	1	Idem.	76.0
2 — —	996	Idem.	Idem.	Idem.	Idem.	Idem.	2	Idem.	35.4
2 — —	998	Idem.	Idem.	Idem.	Idem.	Idem.	3	Idem.	27.9
2 — —	998	Idem.	Idem.	Idem.	Idem.	Idem.	4	Idem.	14.7

REMARQUES.

Pour suspendre les torpilles de 100 et 190 kilogrammes de poudre, on se sert de radeaux en sapin. Chaque torpille a son radeau et est attachée à une chaîne de fer de 4m18, et qui se termine par un gros anneau. L'extrémité de cette chaîne passe à travers un trou laissé dans le radeau, et une barre de fer vient passer dans l'anneau terminal. Cette barre repose sur deux tasseaux de bois cloués sur le radeau et assez hauts pour que dans chaque radeau, lorsque la torpille est en place, le bord supérieur de la barre soit à 0m175 au-dessus du niveau de l'eau.

Les radeaux employés le 13 et le 14 juillet ont été brisés par le milieu. Les cinq autres radeaux n'ont pas souffert.

Les torpilles chargées de 10 kilogrammes de poudre étaient attachées à des radeaux de sapin ; chacun avait 5 mètres de long et tous avaient le même poids. Aucun des radeaux n'a été endommagé.

ANNEXE II.

Annexe II.

Expériences d'éclatement. (Voyez la *Revue* d'octobre.)

DATES.	ESPÈCE DE TORPILLE. — Elle repose sur le fond.	CHARGE de poudre.	DISTANCE de la torpille à l'instrument de mesure.	IMMERSION de la torpille.	NOMBRE de traits horizontaux occupés par la colonne d'eau.	NOMBRE de traits verticaux occupés par la colonne d'eau.	HAUTEUR de la colonne d'eau calculée au moyen de la colonne 6.	DIFFÉRENCE.	LARGEUR de la colonne d'eau calculée au moyen de la colonne 7.	DIFFÉRENCE.	HAUTEUR de la colonne d'eau déduite de l'image observée dans la chambre noire.	LARGEUR de la colonne d'eau déduite de l'image observée dans la chambre noire.
1	2	3	4	5	6	7	8	9	10	11	12	13
		kilogr.	mètres.	mètres.			mètres.	mètres.	mètres.	mètres.	mètres.	mètres.
	On ne met aucun objet au-dessus de la torpille afin de mieux observer les colonnes d'eau.											
18 août 1869.	Torpille en cuivre, 12 litres ½, épaisseur 3 millimètres	40	489.8	2	18	11	34.9		21.6	0	31.3	18.2
25 — —	—	Idem.	Idem.	Idem.	16	11	31	3.9	21.6	5.8	27.9	
25 — —	Torpille en tôle-fer, 12 litres ½, épaisseur 3 millimètres	Idem.	Idem.	Idem.	16	14	31	0	27.3	7.7	26.9	15.9
26 — —	—	Idem.	Idem.	Idem.	15	10	29	2	19.6	2		
20 — —	—	Idem.	Idem.	Idem.	17	11	32.9	3.9	21.6		31.6	11.8
	On a suspendu chaque torpille sous un radeau. La profondeur de l'eau était de 5m5.											
1 sept. 1869.	Torpille en fonte, 134 litres, épaisseur 15 millimètres 9	160	996.2	4.07	9	11	35.4	4	43.8	7.9	28.2	26.9
3 — —	— épaisseur 27 millimètres .	Idem.	998.2	Idem.	10	9	39.4		35.9	11.7	31.9	19.6
29 — —	Torpille en tôle-fer, 107 litres, épaisseur 3 millimètres 5	98.5	997.3	Idem.	6	12	23.5	15.9	47.6	11.7	21.4	18.1
22 oct. —	Torpille en fonte, 134 litres, épaisseur 22 millimètres 2	50	996.7	Idem.	6	9	23.4	0	35.9		20.3	18.1

Annexe III.

Liste et prix des torpilles en fer à l'arsenal d'Amsterdam.

TORPILLES CYLINDRIQUES DORMANTES.

MARQUE.	ÉPAISSEUR.	VOLUME.	POIDS de la torpille vide.	CHARGE.	PRIX de la torpille vide avec ses garnitures.	CONSTRUITES
	millim.	litres.	kilogr.	kilogr.	fr. c.	
7	8	268	223.5	200	318 85	A l'arsenal d'Amstordam.
8	Idem.	266	Idem.	Idem.	Idem.	Idem.
9	Idem.	266	Idem.	Idem.	Idem.	Idem.
10	Idem.	268	223	Idem.	Idem.	Idem.
11	Idem.	269	221	Idem.	Idem.	Idem.
12	Idem.	269	220	Idem.	Idem.	Idem.
C	8.5	129.5	136	100	Idem.	P. v. Vlissengen et D. v. Heel.
1	5	130	101.5	Idem.	175 40	A l'arsenal d'Amsterdam.
2	Idem.	Idem.	101	Idem.	Idem.	Idem.
3	Idem.	Idem.	98	Idem.	Idem.	Idem.
4	Idem.	Idem.	97	Idem.	Idem.	Idem.
5	Idem.	Idem.	97	Idem.	Idem.	Idem.
6	Idem.	128.5	100	Idem.	Idem.	Idem.
A	Idem.	129.5	98.5	Idem.	285 »	Idem.
D	Idem.	129	92.5	Idem.	Idem.	Idem.
E	Idem.	Idem.	93.5	Idem.	Idem.	Idem.
B	Idem.	130.5	100.5	Idem.	256 »	P. v. Vlissingen et D. v. Heel.
F	3	107	58.5	75	136 70	Idem.

TORPILLES AUTOMATIQUES.

MARQUE.	FORME.	ÉPAISSEUR.	POIDS de la torpille vide.	CHARGE.	DÉPLACEMENT.	PRIX de la torpille vide avec ses garnitures.	CONSTRUITES
		millim.	kilogr.	kilogr.	litres.	francs.	
1 a	Conique.	3	325	75	526	734	P. v. Vlissingen et D. v. Heel.
2	Idem.	Idem.	323.5	Idem.	Idem.	Idem.	Idem.
3	Idem.	Idem.	286	60	498	630	A l'arsenal d'Amsterdam
1 b	Cylindrique	Idem.	367	100	633	785	P. v. Vlissingen et D. v. Heel.
2	Idem.	Idem.	359	Idem.	Idem.	Idem.	Idem.
3	Idem.	Idem.	359.5	Idem.	Idem.	Idem.	Idem.
4	Idem.	Idem.	317	60	550	848	A l'arsenal d'Amsterdam,
5	Idem.	Idem.	359	Idem.	636	1055	— a une roue en parapluie.

Rapport sur quelques expériences faites sur les torpilles, par la direction de la marine, à Amsterdam, pendant l'année 1871 [1].

Expériences d'éclatement.

En 1869 et 1870 on a fait sous ma direction des expériences pour déterminer la relation qui doit exister entre la charge de poudre et l'épaisseur des parois.

Les détails de ces expériences ont été donnés dans les rapports publiés dans les volumes XIII et XIV des *Mededeelingen*.

Les résultats de ces expériences nous ont montré qu'il suffit, avec de bonne tôle, d'une épaisseur de 5^m_m pour construire une torpille chargée de 100 kilogrammes.

Parmi les torpilles que l'on a fait sauter en 1870, il y avait aussi trois torpilles en tôle de même volume, mais d'épaisseurs différentes, chargées chacune de 190 kilogrammes.

Les expériences ont fait voir qu'avec de la tôle de bonne qualité de 8^m_m d'épaisseur on peut construire une torpille assez forte pour une charge de 190 kilogrammes.

Dans mon rapport du 10 janvier 1871, j'ai cru devoir faire remarquer que l'on aurait toute sécurité en faisant sauter une torpille de 8^m_m d'épaisseur avec une charge de 190 kilogrammes.

Je suis pourtant d'avis que l'on ne peut pas augmenter l'effet de l'explosion en augmentant la charge, à moins d'être sûr que toute la charge puisse s'enflammer avant l'explosion.

Pour continuer les expériences relatives au fonctionnement de l'avertisseur magnéto-électrique de Kaiser, j'ai été obligé de faire sauter une grosse torpille à une petite distance d'un avertisseur placé au fond de l'eau.

Au mois d'août 1870 nous avons fait sauter quatre torpilles immergées à différentes profondeurs et chargées chacune de 10 kilogrammes de poudre.

L'explosion de ces petites torpilles était très-utile pour l'instruction des officiers du service des torpilles de la marine en 1870, mais les résultats obtenus n'ont pas beaucoup augmenté nos connaissances

---

[1] Extrait des *Mededeelingen betreffende het Zeewezen*. T. 15. Traduit du neerlandais, par E. GARNAULT, professeur de l'École navale.

à ce sujet. Je dois avouer que dans ces expériences nous n'avions pris aucun soin particulier pour déterminer avec précision l'immersion de ces torpilles, ce qui se ferait peut-être mieux au moyen d'un boulet et d'un cordage fixé à la torpille.

Je résolus alors de demander l'autorisation de faire sauter, en 1871, six torpilles, à savoir :

Une torpille en tôle de $8^m\!/_m$ d'épaisseur chargée de 275 kilogrammes de poudre.

Une torpille en tôle de $5^m\!/_m$ d'épaisseur avec une charge de 100 kilogrammes.

La torpille de $8^m\!/_m$ que l'on a fait sauter en 1870 avec 190 kilogrammes de poudre avait un volume intérieur de 240 litres.

En mesurant de nouveau la torpille de $8^m\!/_m$ destinée à recevoir une charge de 275 kilogrammes, il m'a semblé qu'elle avait un volume de 348 litres et demi.

Dans le but de rendre constant le rapport de la charge au volume de la torpille dans les deux cas, je portai la charge de la seconde torpille à 273 kilogrammes et demi.

Pour faire sauter cette torpille on la suspendit sous un radeau de sapin tout à fait semblable à ceux qui avaient servi dans les expériences de 1870.

La torpille chargée de 100 kilogrammes de poudre était placée sur le fond d'une passe, à 10 mètres de distance d'une torpille de cuivre dans laquelle on avait placé un avertisseur magnéto-galvanique de Kaiser. En cet endroit la profondeur de la passe était de $2^m 9$.

On y avait souvent placé des torpilles pour les exercices.

En relevant les torpilles mouillées là, on les trouvait souvent couvertes de vase.

En conséquence, on doit porter à 3 mètres la profondeur d'immersion de la torpille qui sauta le 4 octobre.

L'explosion des quatre torpilles de 10 kilogrammes devait servir principalement à l'instruction du personnel.

Les torpilles furent attachées à des radeaux de sapin, l'une à 1 mètre, l'autre à 2 mètres, la troisième à 3 mètres, et la dernière à 4 mètres de profondeur.

Pour empêcher autant que possible les petites torpilles de s'écarter de l'endroit où elles ont été placées, on a suspendu à chacune d'elles un boulet assez lourd.

On a mesuré comme précédemment les dimensions de la colonne d'eau soulevée.

On en trouvera la description dans mon mémoire de 1870.

Dans un tableau donné en appendice 1, on trouvera les résultats des expériences d'éclatement entreprises en 1871.

Dans un autre tableau (appendice 2), j'ai donné un extrait des résultats obtenus dans les expériences d'éclatement en 1870, 1871.

Dans ce dernier tableau, on peut voir, par exemple, que la colonne d'eau soulevée par l'explosion de la torpille de $8^{m}\!\!/_{m}$ d'épaisseur et de $273^{k}5$ de poudre, est plus haute que la colonne soulevée par la torpille de même épaisseur chargée de 190 kilogrammes.

Je crois que ces résultats prouvent que l'on n'a pas besoin d'employer de tôle de plus de $8^{m}\!\!/_{m}$ d'épaisseur pour une torpille de 200 kilogrammes.

Dans l'appendice II on voit aussi que de deux torpilles égales et de même forme, l'une à 3 mètres d'immersion, donne une colonne d'eau de $80^{m}85$ de hauteur, tandis que l'autre, immergée de 4 mètres, ne soulève l'eau qu'à $34^{m}2$.

En considérant ces résultats, il faut remarquer que les cubes des nombres qui expriment les immersions des torpilles sont à peu près proportionnels à ceux qui indiquent les hauteurs des colonnes d'eau soulevées.

Les hauteurs des colonnes d'eau mesurées lors de l'explosion des torpilles de 10 kilogrammes ne méritent pas d'être mentionnées. Elles ne nous apprennent rien de plus que ce que nous savions déjà.

Exercices.

Le 11 avril 1871, le lieutenant de marine de 2e classe, Reeringh, du garde-côtes d'Amsterdam, fut embarqué à bord du navire à hélice *Kijkduin* et remplacé dans le service des torpilles par le lieutenant de 2e classe, Bencker Andreœ.

En partie à cause de cet officier, et surtout pour le service à terre, il m'a paru désirable de faire de fréquents exercices au sujet des torpilles et de tous les instruments qui servent à ce détail.

Nous avons donc, dans le courant de l'année, travaillé souvent sur l'eau.

Nous avons fait des expériences entre Immetjes-Horn et Durgerdam, le 14 novembre, avec une torpille électro-automatique, et le 20 novembre nous avons recommencé les expériences avec nos viseurs, pour déterminer la trajectoire d'un navire à vapeur animé d'une assez grande vitesse.

Dans mon rapport inséré dans le 11e volume des *Medeelingen*, j'ai indiqué la méthode que nous avons employée pour placer la torpille.

On peut voir par cette description que, pour le mouillage d'une torpille électro-automatique, on met dans une seule et même chaloupe la torpille, son ancre et son câble.

Pour les exercices, nous avons senti tout l'avantage qu'il y aurait à avoir un bateau spécial et un peu plus grand, plutôt qu'une chaloupe.

Plus tard nous avons reconnu qu'en l'absence d'un navire porte-torpilles spécial et bien disposé, nous aurions pu nous servir avantageusement d'une seconde chaloupe.

Par suite de ma proposition, j'ai été autorisé, en juillet 1871, à mettre au service des torpilles la chaloupe de frégate n° 512.

On mit dans ces chaloupes tous les apparaux, palans, grues, tourets pour les conducteurs, et on se servit à la fois de l'une et de l'autre.

C'est surtout dans les exercices qu'elles furent employées et pour placer quelques avertisseurs magnéto-électriques sur le fond de la passe entre Immetjes-Horn et Durgerdam.

A la page 48 de mon rapport du 30 octobre 1868, j'ai donné les raisons qui m'ont décidé à faire mouiller quelques torpilles dans un même plan vertical et auparavant à placer des bouées avec de grosses pierres.

L'expérience acquise dans ces dernières expériences n'a apporté aucun changement à ma manière de voir à ce sujet.

Dans les exercices qui ont eu lieu en 1871, on a placé 4 bouées, au milieu desquelles on pouvait amarrer le navire qui devait servir à mouiller la torpille ou l'avertisseur magnéto-électrique.

La différence entre la manière de faire employée en 1868 et celle de 1871 consiste principalement en ce qu'en 1868, la torpille avec son câble était placée dans une chaloupe, tandis qu'en 1871, pour mouiller le câble télégraphique, nous avons employé une chaloupe spéciale.

Les torpilles électro-automatiques qui ont servi aux exercices entre Immetjes-Horn et Durgerdam ont été fournies par l'arsenal et dans l'état où, à mon avis il faudrait les conserver en temps de guerre dans les magasins, à cela près que les sacs à gargousses n'étaient pas remplis de poudre, mais d'un mélange de sable et de sciure de bois, et dont le poids spécifique est à très-peu près égal à celui de la poudre.

Du bouchon d'amorce de la torpille sort un fil télégraphique de quelques mètres. Ce bout de fil qui sort ainsi de la torpille, à laquelle il est relié, se nomme la *queue* de la torpille.

Pour placer une torpille on emploie, comme nous l'avons dit, deux chaloupes. Si tout ce qui est nécessaire au mouillage est embarqué, un remorqueur les conduit toutes les deux sur le lieu de l'opération.

La chaloupe avec la torpille à bord est assujettie par des amarres entre les quatre bouées placées d'avance, et la chaloupe qui porte le câble télégraphique s'amarre à l'une de ces bouées et se place au vent de la première chaloupe.

Aussitôt que la chaloupe qui porte la torpille est à son poste on y apporte, au moyen d'un canot, le bout du câble télégraphique.

Après avoir fixé ce bout à la queue de la torpille au moyen d'un bouchon d'assemblage, on met la torpille à l'eau comme je l'ai indiqué dans le 11ᵉ volume des *Mededeelingen*.

La chaloupe qui porte le câble est alors prête à être remorquée par la chaloupe à vapeur jusqu'à la station des torpilles.

Pendant le temps que l'une des chaloupes est occupée avec le câble, l'autre peut aller chercher une seconde torpille.

Si l'on peut disposer de deux remorqueurs et de 4 chaloupes à torpilles, on pourra en très-peu de temps mouiller un grand nombre de torpilles dans la passe des Immetjes-Horn et de Durgerdam. On aura partagé tous les appareils de manière que pendant qu'une torpille et son câble seront emportés par deux chaloupes, on embarquera dans les deux autres tout le matériel nécessaire pour poser une seconde torpille.

Un des remorqueurs fera le trajet entre le navire où l'on conserve tout le matériel des torpilles et l'endroit où on doit mouiller, tandis que l'autre ira de ce point à la station des torpilles où se trouvent l'exploseur et le bout terminal du câble.

En mouillant quelques torpilles à la distance voulue les unes des autres et dans un même plan vertical, dont la direction est donnée par deux balises fixées sur le quai, on peut marquer d'une manière très-exacte l'endroit précis où chacune d'elles est mouillée, au moyen de signaux échangés entre le navire qui mouille la torpille; et une station du quai placée de telle sorte qu'un plan vertical, mené par un point de la station et l'endroit du mouillage, soit à peu près perpendiculaire au plan vertical qui passe par les deux balises.

Nous avons appris par expérience que l'on peut obtenir de bons résultats en se servant du viseur décrit dans le 13e volume des *Mededeelingen* à la station qui échange les signaux avec le navire mouilleur.

Il faut marquer sur le bord de l'instrument les directions suivant lesquelles on relève chaque torpille.

Pour faire les exercices relatifs au mouillage des torpilles avec les deux remorqueurs et les quatre chaloupes, il faut, outre le personnel intelligent, sept officiers, à savoir:

Deux officiers pour les deux stations à terre ;

Un officier dans une des chaloupes qui doivent prendre et mouiller les torpilles. Il passera sans cesse de l'une à l'autre ;

Un officier dans une des chaloupes qui doivent embarquer le câble télégraphique. Il passera sans cesse de l'une à l'autre.

Un officier sur le navire où l'on conserve le matériel des torpilles, pour surveiller l'embarquement et éviter les oublis qui ne manqueraient pas de faire perdre beaucoup de temps ;

Deux officiers pour les deux remorqueurs.

Après quelques exercices avec un personnel instruit, ces deux derniers officiers pourraient être remplacés par deux sous-officiers intelligents. On pourrait aussi, pour plus de facilité, remplacer un des cinq autres par un sous-officier.

Dans les exercices des torpilles qui ont été faits en 1871, sous ma direction, de nouvelles lacunes du matériel des torpilles de notre marine se sont manifestées. Nous avons eu aussi l'avantage de reconnaître que beaucoup des dispositions que nous avions adoptées étaient bonnes, en particulier les rouets dont nous nous sommes servis pour placer les câbles.

Lorsque nous avons eu à faire des expériences avec quatre avertisseurs dans la partie la plus étroite de la passe de Durgerdam, pour placer un câble télégraphique à deux âmes, nous avons reconnu que nos rouets fonctionnaient bien.

Comme j'ai lu dans les anciens rapports sur les expériences de torpilles qu'on avait souvent trouvé beaucoup de difficulté à placer un câble télégraphique très-léger à une seule âme, je crois utile de donner ici un plan du rouet employé dans le service des torpilles de la marine. (*fig.* 61, 62, 63 de la *pl.* IX du numéro de janvier.)

Chacun des rouets s'adapte au siége pratiqué dans la chaloupe et aussi aux siéges qui servent à conserver les rouets dans le magasin de l'arsenal.

Ces rouets sont assez forts pour pouvoir être roulés sur le sol, lorsqu'on les a enlevés de leurs siéges sans qu'on ait à craindre de les briser.

Le plan de ce rouet n'a besoin, je pense, d'aucun autre éclaircissement.

Les officiers du service des torpilles se sont occupés des torpilles électro-automatiques.

L'inflammation de la charge d'une torpille électro-automatique a lieu au moment où un courant est fermé à l'intérieur.

Cette fermeture de courant est causée par le contact de deux pièces métalliques qui sont éloignées l'une de l'autre pendant tout le temps que la torpille est en repos.

Les torpilles électro-automatiques de la marine néerlandaise sont disposées de telle sorte, que ce contact ne s'établit que pendant le temps que l'on exerce une pression sur la roue des contacts avec une intensité égale ou supérieure à une certaine valeur dont on peut disposer en montant la torpille.

Disposer une torpille pour agir sous une pression déterminée à la roue des contacts s'appelle régler les contacts de la torpille.

Nous avons l'habitude, pour régler les contacts de la torpille, d'exercer sur la roue une pression que l'on mesure au moyen d'un plateau de balance dans laquelle on met des poids et que l'on fixe par un cordon à l'un des rayons de la roue.

Dans les torpilles électro-automatiques de notre marine, on peut régler les contacts avec assez d'exactitude pour pouvoir aussitôt après le réglage, reconnaître que le contact s'établit avec un poids qui ne diffère pas de plus d'un kilogramme de celui qui a été employé pour le réglage.

Avec une torpille bien faite et bien réglée, il est indifférent d'attacher le bassin à tel ou tel rayon.

Aussitôt la fermeture du courant dans une torpille électro-automatique bien disposée, les métaux qui doivent venir en contact ont leur surface polie et sans oxyde.

Ces métaux ne peuvent pas être nettoyés pendant tout le temps que la torpille est à l'eau et l'on ne peut pas admettre, sans expériences, qu'ils conservent un bon état pendant plusieurs mois.

Pour arriver à résoudre la question, j'ai fait les expériences suivantes :

Le 15 octobre 1870, on a trouvé que la roue de résistance d'une torpille électro-automatique de la marine était réglée de telle sorte, qu'un poids de 58 kilogrammes, placé sur un plateau de balance attaché à l'extrémité de la roue des contacts suffisait à enflammer une amorce Abel placée dans la torpille, en produisant le contact de l'anneau intérieur et de l'anneau extérieur. (Le plateau pesait 10 kilogr.)

L'inflammation avait lieu au moyen d'une bobine de Ruhmkorff, montée avec deux éléments Bunsen. Un des pôles de cet appareil était lié à l'extérieur de la torpille et l'autre pôle à l'anneau intérieur de l'appareil des contacts.

Après cette épreuve, on remplaça l'amorce enflammée par une amorce anglaise, et le rayon de la roue auquel était attaché le plateau fut marqué d'un signe distinctif.

Sans rien changer à la roue des contacts et à la roue de résistance, on ferma la torpille comme si l'on avait voulu la mouiller. On la relia alors avec une pile composée de trente-deux éléments Leclanché, disposés en série. Depuis le 18 octobre 1870 jusqu'au 18 avril 1871, un des pôles de cette pile fut relié au cercle intérieur des contacts, et l'autre pôle au cercle extérieur des contacts de cette torpille.

Le 18 avril 1871, on remplaça la pile par une bobine de Ruhmkorff, montée avec deux éléments Bunsen. On chercha alors quelle force il fallait déployer pour obtenir un bon contact entre l'anneau intérieur et l'anneau extérieur.

L'expérience montra qu'un poids de 60 kilogrammes placé sur un plateau attaché à l'extrémité du rayon, marqué en octobre 1870, suffisait pour enflammer l'amorce anglaise placée depuis six mois dans la torpille.

Lorsqu'on eut ouvert la torpille, on cassa les deux fils qui partaient de l'amorce et on les réunit l'un à l'autre.

Par suite de ce contact entre un fil relié avec l'anneau extérieur de la torpille et un fil relié à la paroi externe du métal de la torpille, la torpille était disposée comme torpille dormante avec un avertisseur dynamo-galvanique (*fig.* 64, *pl.* IX, nº d'octobre).

La torpille fut alors fermée et reliée à une batterie composée de trente-deux éléments Leclanché réunis en série, et à un galvanomètre.

On attacha de nouveau le plateau au rayon de la roue des contacts que l'on avait marqué et l'on trouva par expérience qu'un poids de 102ᵍʳ5 placé sur le plateau était nécessaire pour obtenir entre l'anneau intérieur et l'anneau extérieur un contact suffisant pour dévier d'une manière sensible l'aiguille de sa position primitive.

Les résultats de ces épreuves m'ont persuadé que nous ne devions pas craindre qu'après un long séjour sous l'eau les plaques métalliques de contact fussent assez oxydées pour ne pouvoir plus fermer le courant lorsque la torpille viendrait à être choquée par un navire ennemi.

Les torpilles de notre marine qui fonctionnent par le choc sont électro-automatiques ou vigilantes (par opposition à dormantes).

En adaptant à la torpille un deuxième bouchon d'amorce, on peut changer facilement une torpille électro-automatique en torpille dormante avec avertisseur dynamo-galvanique.

Une torpille électro-automatique n'a besoin d'être reliée à la station que par un seul fil, tandis que pour une torpille avec un avertisseur dynamo-galvanique, il en faut deux.

J'ai déjà donné dans un précédent rapport les raisons qui me font donner aux torpilles automatiques la préférence sur les torpilles dormantes à avertisseurs.

Les résultats des expériences faites jusqu'à présent m'ont fortifié dans mon opinion qu'une torpille électro-automatique doit être préférée à une torpille munie d'un avertisseur, parce que la chance d'oxydation des contacts est moindre pour une torpille automatique que pour une torpille dormante munie d'un avertisseur.

L'expérience nous a appris que tous les points de contact qui livrent passage à un courant s'oxydent fortement.

D'après quelques écrivains qui ont traité ce sujet, l'oxydation doit être attribuée à l'action du courant sur l'oxygène de l'atmosphère, et cette action se manifeste surtout au moment de l'ouverture ou de la fermeture du courant, parce qu'à ce moment il se produit un extra-courant.

Aux points de contact d'une torpille électro-automatique il n'y a pas de courant avant le moment où l'on veut déterminer l'inflammation.

On peut aussi admettre que la fermeture du courant, qui a lieu par l'extrémité du fil conducteur de la torpille, et l'explosion ont lieu simultanément.

En se servant de torpilles à avertisseur, la fermeture du courant à l'intérieur de la torpille ne sera pas toujours suivie de l'explosion.

Ceux qui patronnent les torpilles à avertisseurs assurent qu'elles l'emportent sur les torpilles automatiques parce que, lorsque le navire a agi sur la torpille, on est encore maître de le faire sauter ou de l'épargner.

On peut considérer qu'avec les torpilles à avertisseur le courant se ferme et s'ouvre successivement et que, par suite, plusieurs extra-courants prennent naissance, ce qui favorise la production de l'azone.

Avertisseur magnéto-galvanique.

Voilà déjà un an que l'usine Boosman et Cie, d'Amsterdam, a livré à la marine sept torpilles à avertisseurs magnéto-galvaniques.

Elles ont été construites sur les indications du Dr Kaiser, vérificateur adjoint des instruments de marine de l'arsenal.

Dans mon rapport du 10 janvier 1871, j'ai, autant qu'il m'a été possible, donné la description de ces instruments et communiqué les résultats des expériences faites par M. Kaiser en ma présence.

On peut voir dans ce rapport qu'en janvier 1871, les sept avertisseurs ont été perfectionnés par M. Kaiser. Il s'agissait de placer quatre de ces avertisseurs à des distances convenables les uns des autres au fond du bassin, et de faire passer sur eux un monitor.

'J'ai eu déjà plusieurs fois l'occasion de dire officiellement qu'à mon avis on doit employer des chaînes et des câbles télégraphiques armés pour mettre les torpilles en place.

Dans les expériences faites avec l'avertisseur, et dont on trouvera le détail dans mon rapport du 1er janvier 1871, l'appareil était relié à un fil isolé non armé, et on le descendit au fond de l'eau avec un câble en chanvre.

Sur mon invitation, M. Kaiser a fait à Leyde quelques expériences pour mesurer l'influence que peut exercer sur l'équilibre de l'aiguille de l'avertisseur une chaîne de fer de 6 millimètres de diamètre.

Dans une lettre que m'a adressée M. Kaiser, on lit :

« La chaîne exerçait une action évidente sur l'équilibre de l'aiguille. Les actions moyennes des pôles Nord et Sud doivent être les mêmes dans trois cas lorsque l'avertisseur est bien réglé, et en réalité c'est ce qui est arrivé. A la première épreuve la chaîne donne 34 centimètres de distance, la seconde épreuve sans chaîne donne 34 centimètres de distance, et la troisième avec la chaîne 34 centimètres encore. »

Avec une torpille à avertisseur placée sur le fond on ne peut pas être aussi sûr que la chaîne ne viendra pas trop près de la torpille, ce que l'on peut faire quand la torpille est sur le quai. Il me paraîtrait donc alors désirable de faire des expériences avec des torpilles à avertisseurs munies de chaînes et de câbles armés et placées au fond de l'eau.

Avant que la glace eût disparu complétement du bassin, je fus informé par M. Kaiser que quatre torpilles à avertisseur étaient prêtes.

Le 8 mars 1871 nous étions en mesure de mouiller ces torpilles avec des chaînes et des câbles armés, sur un fond de 2 mètres, dans le fossé qui entoure l'arsenal, et de faire passer dessus un sloop à vapeur en fer.

Dans les expériences entreprises alors et le lendemain, il me parut évident qu'on pouvait éviter l'emploi de chaînes de fer pour tenir les avertisseurs qui sont indépendants de leurs torpilles, parce que ces chaînes exercent une influence perturbatrice trop grande sur l'état d'équilibre de l'aiguille de l'avertisseur.

Comme il ne m'a pas paru convenable d'employer des cordages en chanvre pour les expériences à faire dans la passe entre Immetjes-Horn et Durgerdam, j'ai fait préparer dans les ateliers de l'arsenal quelques câbles en fils de cuivre pour le service des torpilles.

Ces câbles en cuivre ont été employés dans toutes les expériences faites avec les avertisseurs, à partir de mars 1871.

Quand tout fut prêt pour procéder aux expériences, je me décidai à les entreprendre avec quatre torpilles à avertisseur et un monitor dans le bassin d'Amsterdam.

On se servit des torpilles à avertisseur nos 1, 2, 3, 4, 7, préparées par M. Kaiser, et du monitor *Cerberus*, le 20 et le 21 mars.

Pour marquer la place où l'on devait mouiller la torpille, on s'est servi de 4 grandes perches.

Ces perches étaient enfoncées dans le fond du bassin et dépassaient le niveau de l'eau de 2 mètres environ; elles étaient placées à une telle distance l'une de l'autre que l'on pouvait faire passer le monitor près de l'une d'elles sans craindre de déranger l'autre, bien que le monitor eût 13^{m}5 de largeur.

Ces perches et les avertisseurs étaient placés autant que possible de telle sorte que leurs milieux fussent dans un même plan vertical courant du N.-E. au S.-O.

L'avertisseur était à 7ᵐ5 de chaque perche.

A cause des nombreux pieux d'amarrages, nous avons été obligés de placer les avertisseurs à des distances variables les uns des autres. L'avertisseur n° 7 était par 55 décimètres, à 15 mètres au N.-E. de l'avertisseur n° 1.

L'avertisseur n° 3 était par 58 décimètres de fond et à 25 mètres de l'avertisseur n° 7.

L'avertisseur n° 4 était par 57 décimètres et à 20 mètres au N.-E. de l'avertisseur n° 3.

A l'endroit où se trouvait l'avertisseur n° 1 il y avait 55 décimètres d'eau.

Le *Cerbère* calait 2ᵐ55 à l'avant et 2ᵐ82 à l'arrière.

En faisant courir le monitor on conservait autant que possible la direction N.-O. et S.-E., afin de mettre sa quille verticalement au-dessus des avertisseurs.

Les avertisseurs n° 1, 2, 3, 4 ont été éprouvés avant d'être mis en place.

Pour cela on a placé un barreau aimanté à différentes distances d'un avertisseur placé sur le quai, après avoir relié l'appareil à un galvanomètre et à une pile au moyen d'un câble télégraphique armé.

Tous ces avertisseurs ont été vérifiés et réglés par M. Kaiser. Lorsqu'ils ont été mis en place, on a reconnu que les contacts de l'avertisseur n° 2 étaient fermés d'une manière permanente.

Pour perdre le moins de temps possible on releva la torpille qui ne pouvait pas servir et on la remplaça par l'avertisseur n° 7.

Je n'ai pas pu réussir à découvrir le défaut de la torpille n° 2. J'ai appris plus tard, par une lettre que M. Kaiser m'a écrite, qu'en faisant des expériences à Leyde avec l'avertisseur n° 2, il serait assuré que l'insuccès du 20 mars 1871 ne devait pas être attribué à un défaut d'installation de l'appareil magnéto-galvanique, mais seulement au voisinage de l'armature du câble télégraphique.

En faisant passer le monitor *Cerberus* du N.-O. au S.-E. sur les avertisseurs n° 1, 3, 4, 7 on a obtenu les résultats suivants :

L'avertisseur n° 1 a parlé quand l'étrave du monitor était encore à 5ᵐ7 de la verticale de l'avertisseur, c'est-à-dire quand l'étrave était à 5ᵐ7 au N.-O. de la verticale de la torpille.

L'avertisseur n° 7 a parlé aussitôt que l'étrave du monitor était à 10 mètres de la verticale de l'avertisseur, ce qui fait à 10 mètres de la torpille.

L'avertisseur n° 3 a parlé aussitôt que l'étrave du monitor était encore à $1^m 9$ de la verticale du point où était l'avertisseur, c'est-à-dire à $1^m 9$ au N.-O. de la verticale de la torpille.

L'avertisseur n° 4 a parlé au moment où l'étrave du monitor était à $0^m 5$ en avant de la verticale du point où il était placé, c'est-à-dire quand l'étrave était à $0^m 5$ S.-E. de cette verticale.

Qu'il me soit permis de rappeler ici que l'avertissement donné par l'appareil consiste en ce que l'aiguille d'un galvanomètre placé sur le quai et relié à l'avertisseur par un fil conducteur se met en mouvement.

A mon avis il résulte des expériences du 20 et du 21 mars que les avertisseurs n°s 1, 3, 4 étaient bien disposés.

J'aurais voulu faire des expériences analogues avec des avertisseurs moins sensibles.

M. Kaiser était d'avis que dans le bassin de l'arsenal d'Amsterdam elles n'auraient rien appris.

Les résultats des expériences ont donné lieu à une correspondance entre M. Kaiser et moi, et cet échange de lettres a exercé une grande influence sur les dispositions adoptées pour l'avenir.

Je ne mentionnerais pas ces lettres si je ne me croyais pas obligé d'indiquer l'opinion de M. Kaiser sur la valeur des résultats obtenus avec ses instruments et sur la manière dont les expériences ont été conduites.

Pour accomplir ce devoir, je crois devoir extraire des lettres de M. Kaiser les passages suivants :

« Les expériences faites avec les avertisseurs les 8, 9, 20, 21 mars, à Amsterdam, dans l'arsenal, nous apprennent, à mon avis :

« 1° Que les avertisseurs sont assez solidement construits pour pouvoir servir;

« 2° Que la fermeture étanche des ballons en cuivre ne laisse rien à désirer;

« 3° Que les câbles à armature de fer peuvent être employés, mais qu'il faut les attacher d'une manière particulière ;

« 4° Que l'étude faite dans l'arsenal d'Amsterdam pour juger de l'emploi des avertisseurs ne peut pas donner de résultats définitifs à cause de l'incertitude où l'on est de l'action du magnétisme des objets extérieurs;

« 5° Que les chaînes de fer ne doivent pas être employées pour mouiller les avertisseurs;

« 6° Que les conclusions des n°ˢ 1, 3, 5 ne s'appliquent qu'au cas où les avertisseurs sont séparés de leurs torpilles;

« 7° Que, si les avertisseurs sont placés dans un ballon en cuivre fixé au milieu de la torpille, la liaison du câble armé avec la torpille n'aura aucune influence fâcheuse lorsque la caisse de la torpille sera très-grande par rapport à l'aiguille aimantée;

« 8° Que les galvanomètres employés avec les avertisseurs ont besoin d'être examinés, parce que leurs indications peuvent manquer par suite de grands changements de température;

« 9° Que la plaque de terre doit être reliée au conducteur par une soudure métallique;

« 10° Que pour être sûr du bon emploi des avertisseurs pour le service des torpilles, il faut faire de nouvelles expériences avec des navires cuirassés dans un canal où les actions magnétiques étrangères ne se feront pas sentir;

« 11° Que, pour être sûr qu'un avertisseur fonctionnera avec un navire cuirassé d'une grandeur donnée passant dans un canal d'une profondeur connue, il faut faire des expériences avec un monitor très-petit et un très-grand bélier dans des passes de différentes profondeurs;

« 12° Que l'on peut faire ces expériences sous vapeur et à la vitesse qu'on voudra.

« Par suite de ce qui précède, j'ai l'honneur de vous proposer un plan qui sans doute peut nous amener à décider sûrement si mon avertisseur peut ou non être employé dans le service des torpilles.

« Quelques avertisseurs ont été disposés dans le but de reprendre les expériences qui ont été faites, et leur sensibilité a été égalisée autant que possible.

« Le câble a été relié au ballon de cuivre de telle sorte que l'armature en fer soit au moins à 2 mètres du ballon. Pour cela on a enlevé l'armature sur une certaine longueur et on a attaché le câble télégraphique au câble de cuivre qui a servi à mouiller l'avertisseur. Si le câble est trop faible, il faudrait garnir de fil de cuivre le bout qui est dans le voisinage de l'avertisseur.

« Avec des avertisseurs ainsi disposés il faudrait faire des expériences dans des canaux de profondeur variable avec des navires cuirassés de différentes grosseurs et en notant à chaque fois la profondeur de l'eau où se trouve l'avertisseur.

« De ces expériences on pourrait alors conclure comment les avertisseurs doivent être installés dans des canaux de profondeur donnée et pour des navires cuirassés de grandeur déterminée.

« Après ces expériences il faudrait installer un de ces avertisseurs et le mettre en service, le placer dans un ballon en cuivre pour le soumettre à une épreuve.

«Naturellement ces expériences, faites sur une petite échelle à l'arsenal d'Amsterdam, au milieu d'objets qui exercent une influence magnétique notable, ne peuvent pas nous apprendre beaucoup au sujet de l'emploi de mon avertisseur.

« Les six avertisseurs qui sont prêts aujourd'hui peuvent certainement être employés dans la passe qui sépare Immetjes-Horn et Durgerdam et nous donner quelques renseignements sur les questions à résoudre.

« Dans ma lettre du 29 mars j'ai déclaré impossible de prononcer sur la valeur d'un avertisseur avant d'avoir fait passer un monitor ou un bélier dans un canal d'une certaine profondeur.

« Les expériences que je propose de faire dans la passe de Durgerdam seront instructives, mais ne permettront pas de résoudre complétement la question. »

Dans mon rapport du 10 janvier 1871, j'ai déjà eu l'honneur de dire qu'à mon avis chaque avertisseur doit être placé dans la torpille à laquelle il appartient, et que le meilleur moyen de voir si un avertisseur est ou non assez fort, consiste à s'en servir absolument comme on le ferait en temps de guerre.

En septembre 1871, quelques mois après avoir reçu la lettre de M. Kaiser, j'ai eu l'occasion de faire des expériences avec l'avertisseur qui avait été placé dans un ballon de cuivre.

C'est à la suite de ces expériences que je me décidai, en 1871, à donner plus d'activité encore aux expériences entreprises sous ma direction.

En munissant quelques avertisseurs de câbles télégraphiques disposés comme l'indique M. Kaiser, il y a peu de chance que l'armature de fer de ces câbles vienne à se rapprocher notablement de l'avertisseur auquel il est attaché.

Je crois que dans aucun cas on ne pourra empêcher le câble télégraphique de venir au contact de l'avertisseur.

Je crois qu'il est impossible d'obtenir un bon résultat quand on placera des avertisseurs avec des câbles télégraphiques sur le fond de nos canaux, où l'on pourra craindre l'arrivée de navires ennemis.

S'il est vrai qu'un avertisseur bien réglé ne puisse plus servir sous l'influence de l'armature en fer du câble télégraphique placé dans son voisinage, on ne doit alors, à mon avis, employer aucun conducteur armé pour attacher les avertisseurs, que l'on placera alors sur le fond du canal, séparés des torpilles auxquels ils appartiennent.

Je suis encore d'avis qu'en plaçant les torpilles dans les passes, on n'emploie pas de fils isolés sans les garnir fortement pour empêcher la détérioration de l'enveloppe isolante.

Je crois aussi que lorsqu'on fera usage d'avertisseurs séparés des torpilles auxquelles ils appartiennent, les conducteurs devront être garnis de fil de cuivre sur toute leur longueur.

Comme aucune autorité n'a encore décidé la question de savoir s'il faut placer les avertisseurs à l'intérieur des torpilles ou entre elles, je dois signaler ici que M. Kaiser et moi nous ne sommes pas du même avis quant à l'emploi des câbles télégraphiques.

Quant à moi, j'attache à cette divergence d'opinions fort peu d'importance. A mon avis, chaque avertisseur doit être placé à l'intérieur de sa torpille, et les expériences nous ont montré qu'un avertisseur mis à l'intérieur d'un ballon de cuivre est fort peu influencé par l'armature métallique des câbles télégraphiques attachés à la torpille ou placés à côté.

Je n'ai donc pas hésité à satisfaire à la demande de M. Kaiser.

J'ai reçu de lui un modèle de queue pour un avertisseur ; elle se composait d'un conducteur partiellement garni de fer et d'un morceau de câble de cuivre fortement lié à ce conducteur.

J'ai fait faire des queues sur ce modèle pour chacun de nos avertisseurs.

J'admettrai volontiers que M. Kaiser, après les expériences de mars 1871, n'avait plus rien à apprendre des expériences faites dans le bassin de l'arsenal d'Amsterdam.

Pour éviter les malentendus, je crois qu'il est de mon devoir de déclarer ici qu'à mon sens ces expériences dans le bassin nous ont beaucoup appris, quant à l'utilité des avertisseurs.

Les lecteurs de ce rapport qui ont lu mon rapport du 10 janvier 1871 seront bien étonnés d'apprendre que je suis parfaitement d'accord avec M. Kaiser sur la nécessité de faire des expériences avec des navires cuirassés de différentes grandeurs, afin de pouvoir résoudre complétement la question de l'emploi des avertisseurs.

Mais une décision ministérielle prescrivit de faire les expériences sur l'avertisseur Kaiser dans le bassin d'Amsterdam, parce que les frais des expériences sur une grande échelle seraient trop élevés.

A mon avis, M. Kaiser, pouvait m'aider pour accomplir ma tâche, car il pouvait préparer quelques avertisseurs qui devaient signaler le passage d'un monitor lorsqu'on les aurait placés sur le fond de la passe entre Immetjes-Horn et Durgerdam.

Après m'être entendu avec M. Kaiser, nous convînmes de commencer les épreuves en faisant passer un monitor sur un avertisseur placé dans le canal de Durgerdam.

Comme le *Cerbère* devait subir quelques réparations, nous ne pûmes avoir de monitor avant août 1871.

La partie du canal qui sépare Immetjes-Horn et Durgerdam, et qui est assez profonde pour qu'on puisse y faire manœuvrer un monitor, s'étend le long de la côte Nord.

Les avertisseurs doivent donc être placés bien plus près de la jetée Nord que de la jetée Sud.

La longueur de câble télégraphique dont nous pouvions disposer en août 1871 était très-faible.

Cette circonstance me détermina à transporter sur la côte Nord, à Durgerdam, la station de torpilles qui était à Immetjes-Horn, sur la jetée du Sud.

Dans cette station, composée d'une cabane en bois, on plaça un galvanomètre et une pile.

Sur le quai du Sud on éleva deux poteaux de différentes grandeurs situés dans le même plan vertical que le milieu de la station de Durgerdam et à peu près dans la direction N.-S.

Le 12 août 1871 nous fîmes placer au fond de la passe deux balises à 20 mètres l'une de l'autre, de manière à dépasser le niveau de l'eau de quelques mètres.

Entre ces deux balises et sur le fond de l'eau, à 70 décimètres au-dessous du niveau de l'eau, on plaça l'avertisseur n° 7.

Lorsque tout fut prêt on passa avec le *Cerbère*, sous vapeur d'abord, entre les balises, puis au Nord de la balise Nord, puis au Sud de la balise Sud.

Lorsque le monitor s'approchait de l'avertisseur on tâchait, autant que possible, de le diriger perpendiculairement à la ligne qui joignait les deux poteaux.

A la station de Durgerdam on notait les trois instants où l'avant du monitor arrivait dans le plan vertical des poteaux, où l'arrière du monitor arrivait dans ce plan et où l'avertisseur parlait.

A chaque course on estimait à bord du monitor la distance à laquelle le navire se trouvait des balises.

L'avertisseur n° 7 parla chaque fois que l'on passa avec le monitor entre les balises, c'est-à-dire chaque fois qu'une partie de la quille était au-dessus de lui.

Si dans l'épreuve il y avait plus de 3 mètres entre l'avertisseur et le plan longitudinal du monitor on n'avait aucun signal.

Nous en tirâmes alors cette conclusion que l'avertisseur n° 7 n'était pas assez sensible.

M. Kaiser, en présence duquel les expériences ont été faites, décida qu'il fallait préparer un autre avertisseur plus sensible, et en attendant me demanda de faire mettre à l'eau l'avertisseur n° 5.

Le 22 août nous fûmes prêts à commencer les expériences.

M. Kaiser mit l'avertisseur n° 5 à notre disposition.

Les balises qui avaient servi à marquer la place de l'avertisseur n° 7 furent enlevées.

Lorsque nous eûmes déterminé la place de l'avertisseur par un relèvement pris à la station de Zeeburg, sans mettre l'avertisseur à l'eau, nous fîmes placer deux balises.

Entre ces deux balises et par 7 mètres de fond on mouilla l'avertisseur n° 5.

Le 23 août 1871, le *Cerbère*, sous vapeur, courut de l'Ouest à l'Est et de l'Est à l'Ouest entre les balises mises en place.

A cette occasion on obtint les résultats suivants :

L'avertisseur n° 7 parla aussitôt que la distance de l'avertisseur au plan longitudinal du monitor fut de 1^m3.

Il ne parlait pas lorsque la distance était de 3^m8.

Il en résulte qu'il ne s'était produit aucun changement dans l'avertisseur n° 7 pendant ces dix jours que l'appareil était resté au fond de l'eau.

L'avertisseur n° 5 parla lorsque la distance du plan longitudinal du monitor fut de 5 mètres.

Il ne parlait pas quand la distance était de $7^m 2$.

Les avertisseurs n°ˢ 1, 2, 3, 4, 5 furent mis à notre disposition par M. Kaiser, en septembre 1871.

Diverses circonstances qu'il est inutile de mentionner ici ont empêché M. Kaiser d'assister aux expériences faites sous ma direction avec les cinq avertisseurs.

Avant de les mettre à l'eau nous avons fait quelques expériences pour déterminer leur place au moyen de balises.

Le mauvais temps nous a empêché d'obtenir de bons résultats.

Nous avons dû aviser à d'autres moyens pour indiquer la position de nos avertisseurs au monitor qui devait passer au-dessus d'eux.

Tous les avertisseurs étaient mouillés dans un même plan vertical qui passait par le viseur placé à la station de Durgerdam et dont la direction était donnée par deux poteaux placés sur le quai Sud.

Pour mouiller les avertisseurs on halait le navire qui les portait et et on les fixait entre 4 bouées tenues au fond par des ancres.

La place de chaque avertisseur avait été déterminée en prenant un relèvement à la station de Zeeburg.

Un observateur à cette station faisait un signal qui faisait connaître à un sous-officier de la chaloupe s'il se trouvait ou non à l'endroit où il fallait mouiller l'avertisseur.

A l'endroit où les avertisseurs n°ˢ 1, 2, 3, 4 étaient placés il y avait 7 mètres d'eau.

A l'endroit où était l'avertisseur n° 5 il y avait $6^m 8$ d'eau.

Après avoir mis l'avertisseur n° 3 en place, il se produisit à l'intérieur un contact qui permit au courant de passer.

Après avoir relevé l'avertisseur n° 3 et l'avoir mis sur le quai, je ne pus réussir à découvrir ce qui avait produit l'accident signalé.

M. Kaiser, auquel on envoya l'avertisseur, m'a écrit que l'appareil n'était pas du tout hors de service et que l'accident arrivé dans les expériences de septembre ne devait pas être attribué à l'appareil, mais bien à ce que du fil conducteur avait touché le ballon en cuivre de l'avertisseur « très-probablement » et alors il est entré de l'eau dans la fermeture.

S'il en est ainsi, et je n'ai aucune raison de douter de l'exactitude de la remarque de M. Kaiser, c'est une affaire peu importante.

A mon avis, chaque avertisseur doit être placé dans sa torpille, et dans ce cas le ballon de cuivre n'est plus dans l'eau et alors il ne peut plus être question du contact du conducteur et du ballon de cuivre, pas plus que de la rentrée de l'eau.

Quoi qu'il en soit, l'avertisseur n° 3 étant hors de service, il en restait encore quatre à notre disposition.

C'est avec ces quatre avertisseurs et le *Cerbère* que nous avons fait des expériences entre Immetjes-Horn et Durgerdam.

Dans ces expériences on devait faire des observations à deux stations, l'une près de Durgerdam, sur la ligne du Nord, l'autre près Zeeburg, sur la ligne du Sud.

On devait observer à Durgerdam les trois instants où l'avant, le milieu et l'arrière du monitor passeraient par le plan qui contenait les quatre avertisseurs.

Au moment où l'on voyait l'avant du monitor dans ce plan, on mettait le feu à un mortier.

L'inflammation de la charge se faisait avec un exploseur dynamo-électrique.

Un observateur de la station de Zeeburg suivait l'avant du navire avec un viseur mobile au moment où il voyait le monitor s'approcher des avertisseurs.

Quand le mortier partait, l'observateur arrêtait son alidade et lisait l'angle indiqué par le vernier.

En comparant les observations faites aux deux stations on pouvait par un simple calcul déterminer la place du monitor au moment des observations.

Pour pouvoir manœuvrer le monitor commodément, il était nécessaire de savoir entre quelles limites se trouvaient placés les avertisseurs.

Dans ce but, on avait mouillé dans la passe deux sloops, l'un au Sud de l'avertisseur n° 5, l'autre au Nord de l'avertisseur n° 1.

Quand le monitor s'approchait des avertisseurs on le faisait marcher perpendiculairement au plan des avertisseurs.

On a tenu compte des erreurs résultant de la détermination de la place du monitor par rapport aux avertisseurs.

Pour donner une idée convenable des expériences faites du 23 août au 20 septembre, on a réuni dans deux tableaux tous les résultats obtenus. (Appendices 3, 4.)

Dans le tableau des résultats des expériences faites le 20 septembre on peut voir qu'aucun des avertisseurs n'a parlé avant qu'une partie du monitor ne soit venue dans leur plan vertical et qu'aucun d'eux n'a omis de parler dans ces circonstances.

A mon avis on peut voir, d'après les chiffres du tableau, que tous les avertisseurs n'avaient pas la même sensibilité.

Pour contrôler ces expériences nous en avons fait d'autres, le 27 septembre 1871, dans le bassin de l'arsenal, avec le *Cerbère* et les avertisseurs n° 2 et n° 5.

Dans ces expériences les avertisseurs étaient placés à 18 mètres les uns des autres et à une profondeur de $5^m 8$ au fond du bassin.

Quand le monitor passait dans une direction perpendiculaire à la ligne qui contenait les avertisseurs n° 2 et n° 5, ils parlaient en même temps, au moment où la distance de l'avertisseur n° 2 au plan longitudinal du monitor était de $10^m 2$, et quand la distance de l'avertisseur n° 5 à ce plan était de $7^m 8$.

Aucun de ces avertisseurs n'a parlé avant que leur plan vertical fût à plus de 6 mètres de l'avant du monitor ou avant que la distance de la projection de l'un de ces avertisseurs sur la quille du monitor fût à plus de 6 mètres de l'avant du navire.

Quand le monitor passait de manière que son plan longitudinal fût à plus de $10^m 2$ de l'avertisseur n° 2, il ne parlait pas.

Quand le monitor passait de manière que son plan longitudinal fût à plus de $7^m 8$ de l'avertisseur n° 5, il ne parlait pas.

En comparant les résultats obtenus le 20 septembre et le 27 septembre, il semble résulter que les avertisseurs n° 2 et n° 5 étaient plus sensibles au fond de la passe de Durgerdam qu'au fond du bassin de l'arsenal d'Amsterdam.

Cette différence s'explique bien par ce fait qu'en plaçant les avertisseurs au fond de la passe entre Immetjes-Horn et Durgerdam, on ne pouvait pas supposer que quelque câble télégraphique vint à les toucher, ce qui pouvait bien arriver dans le bassin de l'arsenal.

A mon avis on peut tirer des expériences les conclusions suivantes :

1° En plaçant bien les avertisseurs dans la passe de Durgerdam aucun d'eux n'accuse la présence d'un monitor avant qu'une partie du navire ne se projette verticalement au-dessus de l'appareil.

2° L'avertisseur d'une torpille au-dessus duquel un monitor vient à passer doit parler assez tôt pour que l'observateur soit en mesure de faire sauter la torpille au moment convenable.

3° Il est très-possible que l'action d'un monitor fasse parler simultanément deux avertisseurs, mais l'un d'eux doit appartenir à une torpille dans le cercle d'action de laquelle se trouve le monitor.

Quand j'ai eu communiqué à M. Kaiser le résultat de nos expériences, il m'a écrit que, d'après ses notes, ses 5 avertisseurs, essayés le 17 août, étaient aussi sensibles les uns que les autres et que chaque avertisseur placé successivement dans les 4 quadrants magnétiques avait la même sensibilité.

Je n'ai pas assisté aux expériences faites à Leyde par M. Kaiser pour déterminer le degré d'exactitude que peuvent donner ses appareils, et je ne suis pas en état de porter un jugement sur la valeur des résultats obtenus par M. Kaiser, mais je peux difficilement admettre que les avertisseurs essayés le 20 et le 27 septembre eussent tous la même sensibilité.

Je n'aurais pas signalé ce fait parce que j'étais convaincu qu'on ne pouvait pas attacher une grande valeur aux résultats des expériences faites sous ma direction avec les avertisseurs.

Qu'il me soit permis d'insister sur ce point, et d'exposer une considération qui, à mon avis, a une valeur pratique.

La question qui domine tout et que je ne peux pas laisser sans réponse est celle-ci :

Les avertisseurs soumis aux épreuves avaient-ils été disposés de manière à présenter dans la pratique un degré convenable d'exactitude ?

Je suis heureux de pouvoir répondre sans hésitation :

Les 4 avertisseurs que l'on a étudiés le 20 septembre, sous ma direction, étaient disposés avec un degré d'exactitude suffisant pour signaler la présence d'un monitor dans la passe de Durgerdam.

Pour les lecteurs de ce rapport qui voudraient étudier les résultats en détail, je donne un dessin du *Cerbère*.

Dans mon rapport du 10 janvier 1871, j'ai signalé que les résultats obtenus dans les expériences faites par M. Kaiser dans le bassin de l'arsenal nous ont appris que pour une torpille dormante munie d'un avertisseur il fallait, ou bien deux câbles télégraphiques à une âme, ou bien un câble à deux âmes.

J'ai aussi montré combien il serait désirable de faire des expériences avec un avertisseur qui serait placé à l'intérieur d'une torpille en cuivre attachée à un conducteur à deux âmes.

Par suite, une décision ministérielle du 11 janvier 1871 m'a autorisé à faire cette expérience.

La torpille en cuivre a été fabriquée dans l'arsenal, sur le dessin que j'en ai fait conjointement avec M. Kaiser.

On a fait aussi une chaîne en cuivre pour amarrer la torpille au fond. Cette chaîne a été trouvée trop faible, elle a été remplacée par un câble en fil de cuivre formé de 49 fils du nᵒ 16.

Le câble télégraphique à deux âmes a été livré par l'usine Peck et Cⁱᵉ, d'Amsterdam.

Avant de commencer les expériences des avertisseurs dans la passe de Durgerdam il fallait charger la torpille en cuivre et le conducteur à deux âmes.

Le 21 août 1871, on mit dans la torpille de cuivre l'avertisseur nᵒ 1, 76 gargousses pesant chacune $2^k 5$ et 4 amorces Abel. (Les cartouches étaient remplies d'un mélange de sable et de sciure de bois présentant la même densité que la poudre.)

Par chacun des deux trous d'amorce on introduisit un bout de câble télégraphique.

L'avertisseur fut lié à une de ces deux queues, tandis que les 4 amorces, indépendantes les unes des autres, étaient attachées à l'autre queue.

La torpille de cuivre pesait vide $207^k 3$ et 411 kilogrammes avec la charge et l'avertisseur.

Plusieurs expériences ont été faites dans le bassin de l'arsenal.

En mettant la torpille de cuivre sur le fond de la passe entre Immetjes-Horn et Durgerdam, on attacha les deux queues de la torpille, chacune en particulier, au moyen d'un tube d'assemblage avec un des conducteurs du câble télégraphique à deux âmes. La torpille qui contenait l'avertisseur nᵒ 1 fut placée un peu au Nord d'un autre avertisseur.

Le câble à deux âmes ne pouvait pas arriver au contact des autres avertisseurs.

Il est très-possible que, dans les expériences du 20 septembre, les câbles télégraphiques des avertisseurs nᵒˢ 2, 4, 5 aient passé près de la torpille de cuivre ou au-dessus.

Nous n'avons pas remarqué que les armatures de fer du câble télégraphique aient exercé quelque influence sur l'action de l'avertisseur renfermé dans la torpille de cuivre.

En mettant en place la torpille en cuivre et le câble télégraphique à deux âmes, on n'a trouvé aucune difficulté.

La torpille en cuivre et le câble télégraphique à deux âmes ont très-bien fonctionné.

L'avertisseur nᵒ 1, qui était placé le 21 août 1871 dans une torpille en cuivre, a été essayé le 4 janvier 1872 en dehors de la torpille.

Dans toutes ces expériences, l'avertisseur est employé absolument comme il le serait en guerre.

Je ne me suis pas aperçu que l'avertisseur nᵒ 1 eût perdu de sa valeur.

M. Kaiser, qui a vérifié de nouveau les appareils le 6 janvier m'écrit :

« Des expériences du 17 août 1871 et du 6 janvier 1872 il résulte que la sensibilité de l'avertisseur nᵒ 1 est restée la même, ce qui conduit à ces conclusions :

« 1° Que la mobilité de l'aiguille aimantée n'est pas diminuée par l'épaississement de l'huile;

« 2° Que l'aiguille aimantée n'a pas perdu de sa force magnétique;

« 3° Que le courant s'est fermé le 6 janvier 1872 absolument comme le 17 août 1871. »

J'ai déjà plusieurs fois signalé la nécessité de savoir si l'action d'un avertisseur placé au fond d'une passe serait empêchée par l'explosion d'une torpille située dans le voisinage.

Pour pouvoir faire à cette question une réponse satisfaisante, j'ai fait sauter, le 4 octobre 1871, une torpille mouillée à peu de distance d'un avertisseur.

L'expérience ne pouvait pas se faire ailleurs que dans la partie de la passe de Durgerdam balisée pour les torpilles.

La torpille de cuivre contenant l'avertisseur nᵒ 1 et une torpille de fer chargée de 100 kilogrammes de poudre furent placées sur le fond de la passe, à 10 mètres de distance l'une de l'autre. Il y avait là environ 3 mètres d'eau.

Comme le *Cerberus* était parti pour Willemsoord, nous fûmes obligés de nous servir d'un ponton en fer pour faire parler l'avertisseur.

La force magnétique de ce ponton était si faible que nous dûmes placer l'avertisseur à 3 mètres seulement au-dessous du niveau de l'eau.

La place de la torpille de cuivre fut indiquée par une balise enfoncée dans la passe, à une distance, de 3ᵐ5 de la torpille.

Chaque fois qu'on voulut faire parler l'avertisseur, on remorqua le ponton avec une chaloupe, au-dessus du point où était l'avertisseur.

Quand on se fut bien convaincu que l'avertisseur signalait le passage du ponton au-dessus de la torpille en cuivre, on fit sauter la torpille de fer.

Aussitôt après son explosion on vit marcher l'aiguille d'un galvanomètre placé sur le quai et relié à l'avertisseur nᵒ 1 par un câble télégraphique.

Quatre minutes après, l'aiguille était en repos.

Pendant ce temps, les contacts furent plusieurs fois ouverts et fermés dans l'avertisseur et l'appareil ne pouvait pas servir.

Quelques minutes après que le galvanomètre fut revenu au repos, on fit passer de nouveau le ponton au-dessus de l'avertisseur nᵒ 1.

Il fonctionna tout aussi bien qu'avant l'explosion de la torpille de fer.

Si la torpille en cuivre avait été une torpille électro-automatique l'explosion de la torpille en fer en eût nécessairement occasionné l'explosion.

Les résultats obtenus nous apprennent que l'on ne peut pas transformer une torpille dormante avec avertisseur en une torpille électro-automatique.

J'ai déjà signalé qu'à mon avis la torpille électro-automatique doit être préférée à la torpille dormante à avertisseur.

D'après les expériences faites le 11 octobre 1871, on voit qu'en plaçant un certain nombre de torpilles à avertisseurs au fond de l'eau, ces avertisseurs ne serviront pas pendant les quelques minutes qui suivront l'explosion de l'une des torpilles.

La question de savoir si c'est une raison suffisante pour rejeter les avertisseurs est, à mon avis, résolue par la négative.

Je suis pourtant d'avis qu'en règle générale, il doit s'écouler bien plus de 4 minutes entre les passages de deux navires ennemis devant la station des torpilles.

Je ne crois pas vraisemblable qu'un navire ennemi tente de franchir une passe défendue par des torpilles, précisément au moment où l'on viendra d'en faire éclater une sous un autre navire.

Je reconnais pourtant volontiers qu'on pourrait citer des cas où cela est précisément arrivé.

Je ne crois pas que, sans faire des expériences sur une grande échelle on soit en droit de prononcer avec connaissance de cause sur les services que peuvent rendre les avertisseurs Kaiser.

Les résultats des expériences faites sous ma direction ne me permettent pas de répondre aux trois questions suivantes :

1° Quelle est la plus grande profondeur au-dessous du niveau de l'eau à laquelle un avertisseur puisse servir, ou, en d'autres termes, quelle doit être la profondeur maximum de la passe pour que l'avertisseur puisse servir ?

2° Est-il possible de régler la sensibilité des avertisseurs de manière qu'en les plaçant au fond d'une passe ils indiquent aussi bien le passage d'un grand navire que celui d'un navire moins gros et le moment précis de leur passage ?

3° Le passage d'un projectile lancé par une pièce de canon au-dessus de l'endroit où est placé la torpille, peut-il exercer quelque influence sur l'action d'un avertisseur mis au fond de l'eau ?

A mon avis il est très-désirable que les expériences commencées au sujet de l'avertisseur Kaiser soient menées à bonne fin.

Si ce désir peut être accueilli par le gouvernement et si de nouvelles expériences sont ordonnées, il faudra commencer par faire confectionner 6 torpilles en cuivre.

Je crois que, dans nos passes, il n'y aurait aucun avantage à expérimenter avec des torpilles qui ne seraient pas en cuivre.

Annexe I.

Expériences d'éclatement avec une torpille cylindrique en tôle.

DATES.	DISTANCE du radeau auquel est attachée la torpille à l'instrument de mesure.	POIDS du radeau.	ÉPAISSEUR de la tôle.	VOLUME de la torpille.	CHARGE de poudre.	NOMBRE d'amorces Abel.	PROFONDEUR de l'eau.	IMMERSION du bord supérieur.	HAUTEUR de la colonne d'eau.
	mèt.	kilogr.	millim.	litres.	kilogr.		mèt.	mèt.	mèt.
11 octob. 1871	827.65	»	5	129	100	4	2.9	3	85.85
19 —	1024.7	1025	8	348.5	273.5	6	6	4	60.06
18 —	1008.03	162	3	12.3	10	1	6.2	1	64.00
id. —	1018.8	161	3	id.	id.	1	6.2	2	34.83
19 —	998.53	161	3	id.	id.	1	6	3	14.63
id. —	1006.67	161.4	3	id.	id.	1	6	4	6.12

REMARQUES.

La torpille de 100 kilogrammes était sur le fond et elle avait au-dessus d'elle quelques centimètres de vase.

Les torpilles soutenues sous des radeaux étaient attachés à des chaînes en fer terminées par des crochets, un bout de la chaîne passait par un trou dans le radeau et était retenu par une traverse en fer, de sorte qu'il y avait 4 mètres entre le niveau de l'eau et le dessus de la torpille du 19 octobre. Le radeau fut brisé en deux par le milieu.

Les torpilles de 10 kilogrammes étaient attachées à des radeaux en sapin. Au-dessous de chacune d'elles et dans son axe on avait attaché un boulet de 15 kilogrammes au moyen d'un cordage. Le boulet se trouvait à 5m.5 du niveau de l'eau. La torpille placée à 1 mètre sous l'eau a brisé son radeau en deux parties. Les autres n'ont produit aucun effet.

Annexe II.

Expériences d'éclatement des torpilles cylindriques en tôle pendant les années 1870-1871.

Nos	DATES.	LA TORPILLE est placée	ÉPAISSEUR des parois.	VOLUME de la torpille.	CHARGE de la torpille.	NOMBRE d'amorces Abel.	PROFONDEUR de l'eau.	IMMERSION du bord supérieur.	HAUTEUR de la colonne d'eau soulevée.
			millim.	litres.	kilogr.		mèt.	mèt.	mèt.
1	11 juillet 1870.	Sous un radeau.	11.5	127.5	100	5	6	4	30.3
2	9 — —	id.	8	129.5	id.	id.	id.	id.	32.3
3	24 août —	id.	5	130.5	id.	1	id.	id.	30.5
4	8 juillet —	id.	id.	130	id.	5	id.	id.	34.2
5	11 octob. 1871.	Sur le fond.	id.	129	id.	4	2.9	3	80.9
6	13 juillet 1870.	Sous un radeau.	id.	246	190	6	6	4	48.6
7	18 — —	id.	11	249.5	id.	id.	id.	id.	43.3
8	14 — —	id.	8	242	id.	id.	id.	id.	54.6
9	19 octob. 1871.	id.	id.	348.5	273.5	id.	id.	id.	60.1

Annexe III.

Résultats des expériences du 23 août 1871, avec le monitor *Cerberus* et les avertisseurs n° 5 et 7 de M. Kaiser, dans la passe de Durgerdam.

DISTANCE EN MÈTRES des avertisseurs à un plan passant par la quille et l'avant du monitor. Au Nord et au Sud de ce plan, pendant la course du monitor.		DISTANCE EN MÈTRES de l'avant du monitor à la projection de l'avertisseur sur sa quille, au moment où le galvanomètre relié à l'avertisseur a parlé.		DIRECTION du monitor.
Avertisseur n° 5.	Avertisseur n° 7.	Avertisseur n° 5.	Avertisseur n° 7.	
....	1.3 au Sud	N'a pas parlé.	30.13	—
....	3.8 —	id.	N'a pas parlé.	+
18.4 au Nord.	8.3 —	id.	id.	+
5 —	....	id.	id.	—
0.1 —	....	20.21	id.	+
3.9 au Sud.	....	8.03	id.	+
3.9 —	....	Pas observé.	....	—
3.9 —	....	— 2.08	N'a pas parlé.	—
3.9 —	....	— 1.37	id.	—
4.4 —	....	9.73	id.	+
5 —	....	18.75	id.	+
7.2 —	....	N'a pas parlé.	id.	+
10.7 —	....	id.	id.	—
12 —	....	id.	id.	+
12.7 —	....	id.	id.	+

REMARQUES.

Dans la cinquième colonne le signe + signifie de Est à Ouest et le signe — de Ouest à Est.

Le signe — placé devant les nombres de la troisième colonne 2.08 et 1.37 signifie que l'avertisseur a parlé avant que l'étrave du monitor fût arrivée au plan vertical passant par les deux avertisseurs.

Les nombres des deux premières colonnes ont été calculées d'après la distance estimée à bord entre le navire et les balises.

Les nombres des colonnes 3 et 4 ont été déduits des observations et des intervalles de temps entre le moment où les deux avertisseurs parlaient et l'instant où un observateur placé sur le quai relevait le monitor dans une direction donnée.

Rapport sur les travaux relatifs aux torpilles entrepris par la direction de la marine, à Amsterdam, pendant l'année 1872 [1].

Par son ordre du 13 janvier 1872, S. Exc. le ministre de la marine a décidé que les expériences sur les torpilles seraient continuées par la direction de la marine à Amsterdam. D'après ce qui avait été convenu l'année précédente (1871), on devait surtout entreprendre des expériences d'éclatement pour chercher la relation la plus convenable entre la charge de poudre et l'épaisseur des parois de la torpille de tôle. On devait aussi poursuivre les expériences relatives à l'emploi des avertisseurs magnéto-électriques du Dr P. J. Kaiser et compléter l'instruction relative à l'emploi des torpilles et des instruments qui s'y rapportent.

Il n'y avait aucune difficulté à poursuivre les expériences commencées et à faire les exercices pour la manœuvre du matériel des torpilles. Il était moins facile de décider des avantages pratiques des avertisseurs. Dans mon rapport du 10 janvier 1872, publié dans le tome XV des *Mededeelingen*, j'ai cru devoir avancer que les résultats des expériences faites sous ma direction au sujet des avertisseurs ne nous avaient pas mis en état de répondre aux trois questions suivantes :

1º Un projectile lancé par une pièce d'artillerie qui est dans la passe peut-il avoir une action nuisible sur l'action des avertisseurs placés au fond de l'eau?

2º Peut-on régler la sensibilité des avertisseurs de manière à ce qu'ils signalent au moment favorable la présence d'un grand navire cuirassé aussi bien que celle d'un petit?

3º A quelle profondeur maximum peut-on employer les avertisseurs?

A mon avis, pour répondre à ces questions, il faut expérimenter avec des avertisseurs dans les différentes passes où peuvent manœuvrer nos navires de guerre cuirassés et y installer de gros canons.

Dans le voisinage d'Amsterdam, autant que je puis croire, il n'y a pas de canal qui réponde à ces conditions. Le 11 octobre 1871 nous avons vu qu'un avertisseur placé sur le fond d'une passe dans une tor-

---

[1] Par le capitaine-commandant J. A. Vandevelde. Extrait du tome XVI des *Mededeelingen betreffende het Zeewezen* et traduit du néerlandais par E. Garnault, professeur à l'École navale

pille en cuivre avait cessé de fonctionner pendant quatre minutes après l'explosion d'une torpille placée à 10 mètres de lui. Il me parut alors désirable de rechercher comment varie, avec la distance, l'action nuisible exercée sur un avertisseur par l'explosion d'une torpille placée près de lui. En 1871, on n'a fait aucune expérience de ce genre, parce que je pensais que tous les avertisseurs qu'on devra employer devaient être mis dans des torpilles en cuivre et qu'alors nous n'avions pas de torpilles en cuivre. Cette difficulté a disparu, car, en 1872, l'ordre a été donné d'en faire fabriquer six.

Au mois de juin 1871, je fus averti officiellement qu'une commission devait faire les expériences pour rechercher, parmi les systèmes actuels de torpilles, celui qui convenait le mieux dans nos passes, et je fus invité à faire connaître si l'approvisionnement de la direction de la marine d'Amsterdam permettait de disposer de quelques torpilles pour ces expériences. Pour satisfaire à cette demande, je fis dresser une liste de tout le matériel des torpilles placé sous ma direction, et qui pouvait convenir pour ces expériences. En attendant le résultat des travaux de la commission qui devait être nommée, la direction de la marine à Amsterdam devait, en 1872, s'occuper de rechercher la relation la plus convenable à établir entre l'épaisseur des parois de la torpille en tôle et la charge de poudre ; de faire des expériences pour reconnaître à quelle distance il faut placer les torpilles munies d'avertisseurs, afin que leurs indications ne soient pas troublées par l'explosion des torpilles voisines ; d'exercer le personnel à l'usage du matériel des torpilles, de manière à le mettre à même de résoudre les questions qui pourraient éventuellement se présenter en tant que cela pourrait se faire avec le matériel existant.

Expériences d'éclatement.

Dans les expériences d'éclatement entreprises sous ma direction, on a reconnu :

1° Que la colonne d'eau soulevée par l'explosion d'une torpille de tôle, chargée de 190 kilogrammes de poudre avec des parois de $8^{m}\!/_{m}$, était plus haute que la colonne d'eau soulevée par deux torpilles, chacune de 190 kilogrammes, mais avec des parois de $5^{m}\!/_{m}$ pour l'une et de $11^{m}\!/_{m}$ pour l'autre ;

2° Que la colonne d'eau soulevée par une torpille de fer de $273^{k}5$

avec des parois de 8ᵐ/ₘ était plus haute que la colonne d'eau soulevée par une torpille de même épaisseur et chargée de 190 kilogrammes de poudre.

De ces observations je croyais pouvoir conclure qu'une bonne tôle de 8 ᵐ/ₘ d'épaisseur est assez forte pour faire des caisses de torpilles de 150 à 200 kilogrammes. Les résultats obtenus ne nous ont pas beaucoup renseigné en ce qui concerne le choix du fer destiné à faire les torpilles de 250 à 300 kilogrammes. Dans l'incertitude, je me décidai à faire des expériences sur les plaques de tôle de 11ᵐ/ₘ, pour savoir si elles conviennent aux torpilles de 275 kilogrammes. Dans ce but, je résolus de faire sauter encore deux torpilles de 11ᵐ/ₘ d'épaisseur, l'une avec 275 kilogrammes de poudre et l'autre avec 350. L'opinion que le poids de poudre d'une torpille dormante doit toujours être égal au cube de la profondeur d'immersion m'a souvent paru contestable. Dans quelques-uns de mes précédents rapports, on a dit que les résultats obtenus dans nos expériences avec les grosses torpilles s'accordent seuls avec cette loi, mais que les expériences faites avec les petites torpilles ne donnent pas de résultats conformes. Comme les expériences d'éclatement conviennent bien pour exercer le personnel et que la passe de l'Ij où l'eau marne peu et où il y a peu de courant est très-commode pour faire des expériences d'éclatement, j'ai résolu de faire encore une expérience pour voir si nous pourrons obtenir quelques résultats concluants en observant les hauteurs des colonnes d'eau soulevées par l'explosion et pour décider si la théorie est ici de quelque utilité pratique. Si l'on peut prendre la hauteur de la colonne d'eau soulevée par la torpille comme mesure de son effet utile, la théorie nous apprend que les colonnes d'eau de même hauteur devraient répondre à des torpilles dont les charges seraient proportionnelles aux cubes des nombres qui indiquent les immersions.

Ces considérations me conduisirent à faire sauter non-seulement les grosses torpilles, mais aussi trois petites, la première avec une charge de 21.6 kilogrammes de poudre à 3 mètres d'immersion, la seconde avec 51.2 kilogrammes avec une immersion de 4 mètres, et la troisième, chargée de 100 kilogrammes à 5 mètres de profondeur.

Sur ma demande, j'obtins l'autorisation de faire fabriquer quatre nouvelles torpilles.

La première, en fer forgé, de 350 décimètres cubes avec des parois de 11ᵐ/ₘ ;

La seconde, en fer, contenant 450 décimètres cubes et d'une épaisseur de 11ᵐ⁄ₘ ;

La troisième, également en tôle, mais de 5ᵐ⁄ₘ d'épaisseur et d'une contenance de 67 décimètres cubes ;

La quatrième, en tôle, de 5ᵐ⁄ₘ, et d'une capacité de 28 décimètres cubes.

Pour faire éclater une torpille de 100 kilogrammes, nous n'avions qu'à en prendre une parmi les torpilles en magasin. Quand les torpilles furent prêtes, on les éprouva avec soin. En mesurant les deux plus grosses, on reconnut que l'une contenait 346 et l'autre 440 décimètres cubes. Afin d'avoir le même rapport entre la charge et le volume, on mit dans la plus grosse 347.7 kilogrammes de poudre et 273.5 dans la plus petite. Pour les faire éclater on les suspendit toutes deux avec des chaînes à des radeaux de sapin, tout à fait comme dans les expériences de 1871. Pour mesurer les hauteurs des colonnes d'eau on opéra comme précédemment.

Les résultats obtenus dans les expériences de 1872 sur l'Ij sont consignés dans le tableau qu'on trouvera plus loin. On peut voir que la colonne d'eau soulevée par la torpille dont les parois ont 11ᵐ⁄ₘ, et dont la charge est de 347.7 kilogrammes, a été trouvée plus grande que celle de la torpille de 273.5 kilogrammes avec la même épaisseur.

De tout ce qui précède on peut conclure qu'une tôle de bonne qualité de 11ᵐ⁄ₘ d'épaisseur est assez forte pour la construction d'une torpille de 250 à 300 kilogrammes. La hauteur de la colonne soulevée par l'explosion de la torpille chargée de 21.6 kilogrammes de poudre et par 3 mètres d'immersion a été trouvée de 27ᵐ2, tandis que pour la torpille de 100 kilogrammes avec 5 mètres d'immersion elle n'était que de 25ᵐ4.

Ces résultats n'étaient pas en désaccord avec nos prévisions; ils concordent avec ceux que nous avons obtenus le 22 octobre 1869, lors de l'explosion d'une torpille de 50 kilogrammes, placée à 4ᵐ3 au-dessous du niveau de l'eau. La torpille chargée de 51ᵏ2 que nous avons fait sauter, le 16 septembre 1872, a donné un résultat qui ne concorde avec aucun des autres. La différence entre les résultats obtenus, en 1869 et en 1872, est si grande que j'ai dû forcément imaginer que l'on avait commis une erreur en attachant la torpille au-dessous de son radeau.

Pour avoir plus de sécurité à ce point de vue, j'ai fait sauter de nouveau une torpille de 65.8 décimètres cubes, chargée de 51.2 kilogrammes de poudre. Comme il fallait faire une nouvelle caisse, je dus attendre jusqu'au 16 octobre. On peut voir dans le tableau n° 1 que les résultats n'ont pas été plus concordants que la première fois.

Les résultats obtenus, en faisant sauter une torpille chargée de 51.2 kilogrammes de poudre à 4 mètres d'immersion, ont aussi été en désaccord avec ceux que j'avais déjà obtenus en faisant sauter une torpille placée par 4 mètres d'immersion.

La forme des torpilles destinées à contenir 51.2 kilogrammes de poudre n'était pas la même que celle des torpilles chargées de 100 kilogrammes. Cette différence fit naturellement naître la pensée que la forme de la caisse devait exercer une influence sur les résultats.

Dans mon rapport du 14 mars 1870, je me suis permis de faire remarquer qu'il n'est pas vraisemblable que la forme des torpilles exerce une influence sur le travail de la charge si la torpille est construite de manière que ses parois présentent partout la même résistance à la pression des gaz de la poudre. Bien qu'aucun changement ne se fût produit dans ma manière de voir, je me décidai néanmoins à faire sauter, par 4 mètres d'immersion, une torpille chargée de 51.2 kilogrammes de poudre et d'employer pour cela une des torpilles destinées à la charge de 100 kilogrammes. Le reste de la torpille était rempli de sciure de bois et de sable dans des gargousses, afin que le rapport de la charge et du volume restât le même que dans les autres torpilles.

Le 11 novembre 1872, nous avons fait sauter une torpille installée de la sorte. Les résultats obtenus ont été moins bons que ceux du 16 septembre et du 16 octobre. A mon grand regret je n'ai pas pu reconnaître la cause de ces discordances. Je ne puis que conjecturer que dans les trois expériences la profondeur à laquelle les torpilles étaient au-dessous du niveau de l'eau n'avait pas été mesurée avec soin. Depuis l'achèvement du barrage de Paardenhoek à Schellingwoude, l'eau qui entre dans le Zuiderzée ne peut plus, lorsqu'elle est poussée par un fort vent d'Ouest, faire élever le niveau de l'Ij. Il en résulte qu'à l'endroit de nos expériences, les différences entre les niveaux de haute et de basse mer sont maintenant bien plus grandes qu'elles n'étaient alors. Il est bien possible que j'eusse dû tenir compte de ce changement dans le niveau de la mer entre Immetjes-Horn et Durgerdam, plus que je ne l'ai fait, pour déterminer, d'une manière précise, l'immersion des torpilles. Je reconnais volontiers que je n'ai pas assez réfléchi à cela ; pourtant je dois dire que nous n'avons que très-rarement observé un courant qui eût une vitesse un peu grande.

Dans l'annexe n° 2 se trouvent consignées les particularités relatives aux expériences faites sous ma direction. Les expériences sont groupées dans ce tableau de manière à faire ressortir les valeurs particulières des résultats plus commodément que si l'on avait suivi l'ordre des dates. Les quinze premiers résultats confirment la loi qui veut que pour les torpilles dormantes la charge soit proportionnelle au cube des nombres qui mesurent l'immersion. Les huit dernières expériences sont en contradiction avec elle. Les autres résultats n'apportent aucun jour sur la valeur pratique de la loi des cubes. Sept de ces expériences se rapportent à des explosions de torpilles ayant servi à déterminer la meilleure relation à établir entre l'épaisseur des parois de la torpille et la charge de poudre.

Avertisseur magnéto-électrique.

J'ai déjà dit que nous avions mission de rechercher dans quelle mesure l'explosion d'une torpille exerce une influence fâcheuse sur un avertisseur magnéto-galvanique placé dans son voisinage. Dans mon rapport du 7 juin 1872, j'ai eu l'honneur de dire de quelle manière je pensais qu'il fallût procéder à cette recherche, mais que je ne pouvais pas agir parce qu'un des entrepreneurs de la navigation du canal avait fait poser une chaîne de halage sur le fond de la passe entre le barrage de Schellingwoude et Muiderzand. Je crois superflu de m'étendre sur cette affaire ; les expériences projetées, en 1872, sur les avertisseurs magnéto-galvaniques n'ont pu avoir lieu. Dans mon rapport du 10 janvier 1871, j'ai insisté sur ce fait que, pour une torpille dormante, munie d'un avertisseur magnéto-galvanique, il faut employer deux conducteurs isolés, tandis qu'avec une torpille magnéto-galvanique, agissant d'une manière automatique, il suffit d'en employer un seul.

En juillet 1872, le Dr P. J. Kaiser a eu la bonté de m'informer qu'il avait imaginé et fait construire un relais aimanté qui, suivant lui, permettait de n'employer qu'un câble télégraphique à un seul conducteur pour réunir la torpille dormante à l'avertisseur magnéto-galvanique. Pour enflammer les amorces au moyen d'une pile à courant constant ce relais a très-bien fonctionné. M. Kaiser pensait que l'on ne pouvait pas conclure avec certitude qu'il dût donner d'aussi bons résultats pour l'inflammation des amorces au moyen de l'exploseur dynamo-électrique. Comme M. Kaiser n'avait à Leyde aucune occasion de faire ces expériences, le contre-amiral, directeur et commandant de la marine à Amsterdam, l'a autorisé à étudier la question à l'arsenal d'Amsterdam. Un concours de circonstances fâcheuses pour M. Kaiser est cause qu'il n'a pu profiter de cette autorisation. Par suite, la valeur pratique de ce relais n'est pas encore assez établie pour que j'aie cru utile de donner ici les résultats d'expériences.

Dans mon rapport du 13 janvier 1872, j'ai parlé du degré d'exactitude qu'on pouvait obtenir en employant l'avertisseur magnéto-galvanique. Dans le mois de décembre, M. Kaiser a eu l'obligeance de me mettre à même d'assister aux expériences qu'il a faites avec six nouvelles torpilles à avertisseur magnéto-galvanique. J'ai pu m'assurer que ces six torpilles sont disposées avec une très-grande précision. Les résultats de cette épreuve n'étaient pas de nature à me faire revenir du jugement que j'ai porté sur les torpilles à avertisseur magnéto-galvanique à la suite des expériences faites, en 1871, sous ma direction. Si l'on réfléchit que les torpilles dormantes, munies d'avertisseurs, peuvent servir contre les navires en bois aussi bien que les torpilles ordinaires, sans perdre pour cela aucun des avantages qu'elles offrent à l'égard des navires cuirassés et que de plus il est très-difficile et peut-être impossible de placer dans les passes des torpilles électro-automatiques de manière qu'elles puissent servir utilement avec tous les courants, on arrivera peut-être à conclure que les torpilles à avertisseur magnéto-galvanique ont un grand avenir.

J'ai déjà dit qu'il y avait encore des expériences à faire avant de rendre complétement pratiques à tous les points de vue les torpilles à avertisseur magnéto-galvanique de M. Kaiser. Pour éclaircir ce point, je crois devoir rappeler ici que la plus grande difficulté consistant à préciser le moment où la torpille doit sauter a déjà été levée par M. Kaiser d'une manière tout à fait satisfaisante. Je ne peux pas donner des preuves de cette assertion, parce que je ne puis pas faire connaître les procédés que M. Kaiser a inventés pour permettre à un avertisseur magnéto-galvanique de fonctionner sous l'influence d'une action magnétique très-faible, et pour le rendre indépendant de la manière dont l'avertisseur est placé sur le fond, comme aussi de la direction que suit le navire cuirassé qui passe au-dessus de lui. Qu'il me soit

permis de dire ici qu'à mon avis les perfectionnements apportés par
M. Kaiser aux premiers avertisseurs construits par lui ne sont rien
auprès de ceux qu'il a appliqués en 1868. Je pense aussi que nous
possédons des garanties sérieuses que la découverte de M. P. J. Kaiser
est susceptible de fournir de bons résultats, et, qu'au point de vue de
la défense des côtes il est à désirer que ce savant distingué soit mis en
position d'appliquer toutes les connaissances qu'il a acquises à ce
sujet.

Exercices et autres travaux.

Le lieutenant de marine de 1re classe, J. F. Van Kervel et les lieutenants de 2e classe, L. C. Rovers et L. P. D. Op ten Noort, ont été
attachés le 1er mars 1872 au service des torpilles, et depuis cette
époque ils ont pris part à tous nos travaux.

Nos exercices ont consisté à recommencer tout ce qui avait été fait
les années précédentes. La dépêche ministérielle du 12 mars 1872,
et la nomination d'une commission de torpilles, m'ont fait supposer que
nous serions appelés à prendre part aux expériences d'éclatement des
torpilles sur nos côtes. En conséquence, je résolus de faire exécuter
quelques expériences de mouillage des torpilles électro-automatiques
avec 2 ou 3 ancres. La manœuvre fut exécutée de la manière suivante :

Avec une chaloupe, on mouilla 2 ancres à 20 mètres l'une de l'autre
dans un plan perpendiculaire à la direction du courant. A chacune de
ces ancres était attachée une touée de 15 mètres. Comme la chaloupe
ne pouvait pas porter les 2 ancres à la fois, on en mit une sur un radeau à côté. Quand les 2 ancres eurent été mouillées sur le fond de la
passe, on attacha le milieu de la chaîne qui les liait à l'anneau d'une
torpille qui était tenue à l'arrière de la chaloupe. D'une seconde chaloupe, on mouilla une troisième ancre à une distance de 20 mètres du
plan vertical qui passait par le milieu des deux premières et à des distances égales de chacune d'elles. Cette dernière ancre était munie
d'une poulie en fer avec un croc auquel tenait la troisième chaîne.
Après avoir mouillé la troisième ancre sur le fond de la passe, on attacha l'un des bouts de la troisième chaîne d'amarrage à l'anneau de la
torpille. On la mit alors à l'eau en halant de la chaloupe sur cette
chaîne d'amarrage jusqu'à ce que la torpille fût amenée à la profondeur voulue. Au moyen d'un crapaud à linguet déjà décrit, on main-
tint la torpille à la profondeur qu'elle devait occuper. Pour montrer

l'endroit où devaient être mouillées les autres, on disposa sur la digue Sud de l'Ij, près d'Immetjes-Horn, quatre balises, et la personne chargée de diriger les opérations, et placée dans la chaloupe, échangeait des signaux avec un observateur placé à la station de Zeeburg et muni d'un appareil de relèvement.

Dans la première chaloupe, on avait lové le câble télégraphique que l'on devait employer. Avant de filer la deuxième ancre, on y attacha un bout du câble télégraphique, et, avant de mettre la torpille à l'eau, on lia, au moyen d'un tube d'assemblage, la queue de la torpille au bout du câble télégraphique enroulé sur un rouet. Pour faciliter l'opération du relevage des ancres, on attacha l'une à l'autre les deux ancres qui étaient dans le plan perpendiculaire à l'action du courant, et la chaîne de l'ancre à laquelle était lié le câble télégraphique fut prolongée par une chaîne plus mince. Pour relever la torpille électro-automatique, il faut commencer par draguer le câble télégraphique.

En exécutant ces manœuvres, il est souvent arrivé que dans chacune des chaloupes l'on a eu besoin de quatre amarres pour les maintenir à la place qu'elles devaient occuper. Si l'on veut se servir de chaloupes pour installer une torpille électro-automatique, je crois que le mieux est d'en employer trois. J'emploierais la première à mouiller la première ancre, à réunir les chaînes des trois ancres avec la torpille suspendue à l'arrière de la chaloupe, et à mettre la torpille à l'eau. Avec la seconde chaloupe je mouillerais la seconde ancre et le câble télégraphique, tandis que la troisième mouillerait la troisième ancre et amènerait la torpille à la place qu'elle doit occuper, au moyen de la poulie et du crapaud. Nous ne pouvions disposer que de deux chaloupes, et, s'il en avait été autrement, nous n'aurions pas eu assez de matelots pour les armer. Au commencement de l'été, nous avions déjà reconnu dans nos manœuvres que l'espars placé à l'arrière de la chaloupe était trop faible et que ses ferrures avaient cédé, de telle sorte qu'il n'était plus possible de hisser hors de l'eau la torpille qu'il devait soutenir. — Je fus alors obligé de le remplacer par un espars plus fort de quelques décimètres. Je ne puis nier qu'avec ce nouvel espars la manœuvre n'ait été plus facile, mais à mon avis, de quelque manière qu'on installe une chaloupe elle ne peut rendre de bons services dans la manœuvre des torpilles. Par suite, j'ai pris la liberté d'appeler l'attention sur les avantages que présenterait pour la manœuvre des torpilles une chaloupe à vapeur spéciale qui servirait aux expériences dans le Schulpengat. Un vieux bâtiment de servitude ou une vieille canonnière pourrait être disposée dans ce but.

Sur ma demande, le ministre a décidé que l'arsenal de Willemsoord, installerait une vieille canonnière pour servir de bateau porte-torpilles. Quand ce bateau sera prêt, on essayera quelle est la meilleur manière de mouiller une torpille avec 3 ancres. En attendant les conclusions de ces expériences, je suis d'avis que l'on peut réussir à poser les câbles télégraphiques avec un bateau-torpille remorqué par une chaloupe à vapeur.

Dans mon rapport du 10 janvier 1871, j'ai dit qu'en 1870, après bien des insuccès, nous avions réussi à employer un crapaud qui nous avait donné de bons résultats. Dans ce rapport, je fais aussi remarquer que, pour placer les torpilles électro-automatiques sur l'Ij, nous n'avions eu besoin d'employer aucun crapaud. Depuis on n'en a fabriqué aucun, et en 1871 on n'en a pas employé. Comme en exécutant les manœuvres prescrites pour l'année 1872, nous ne pouvions pas nous passer de crapaud, nous fûmes obligés de nous en servir. En mettant en place dans le bassin de l'arsenal d'Amsterdam une torpille électro-automatique avec 3 ancres (en 1872), nous trouvâmes que le crapaud fait en 1870 fonctionnait très-bien.

. . . .

Dans un mémoire publié en 1869, par le professeur Abel, on trouve que le courant lancé par un appareil dynamo-électrique dans un circuit isolé, peut produire, dans un circuit voisin qui n'est pas relié à l'appareil, un courant capable d'enflammer des amorces comprises dans ce second circuit. Cette propriété de l'appareil aurait naturellement pour conséquence qu'on enflammerait des amorces sans le vouloir. Pour vérifier l'assertion du professeur Abel, j'ai fait en 1869 quelques expériences pour lesquelles j'ai fait usage d'un câble à deux âmes garni de gutta-percha. Comme nous pouvions disposer en 1872 d'un câble télégraphique à 2 conducteurs, je pouvais répéter sur une plus grande échelle ce que j'avais fait en 1869 pour apprécier le danger qu'il y a de faire sauter une torpille sans le vouloir, en se servant d'un appareil dynamo-électrique. Tous les résultats des expériences sont rapportés dans la planche qui indique aussi la manière dont l'expérience a été faite, la disposition des conducteurs et des amorces, ainsi que les communications avec l'exploseur.

Dans mon rapport du 14 mars 1870, je disais qu'en employant les

exploseurs que nous possédons, on devait, à mon avis, courir très-peu
de chances de faire sauter une torpille sans le vouloir. Les résultats
des expériences faites en 1872 me font croire qu'avec ces exploseurs
et nos câbles télégraphiques, jamais une torpille ne sautera sans qu'on
le veuille. On sait que quelques physiciens pensent que ces phénomènes
de charge que l'on observe dans les câbles télégraphiques sous-marins
peuvent s'expliquer en les comparant à une bouteille de Leyde dont
le fil de cuivre formerait la garniture intérieure, la gutta-percha rem-
placerait le verre et l'eau constituerait la garniture extérieure. En me
fondant sur cette explication donnée par les savants, je pense que le
courant produit par un exploseur dans un fil isolé peut produire une
tension plus grande lorsque le fil est sous l'eau que lorsqu'il est tout
entier hors de l'eau. La chance de produire involontairement l'inflammation d'une torpille par les courants d'induction est plus grande
lorsque le fil est sous l'eau que lorsqu'il est sur le sol.

Le professeur Abel dit, dans un de ses ouvrages : « Si les fils conducteurs des torpilles sont submergés les explosions involontaires sont
beaucoup plus probables. » L'exactitude de cette opinion n'est pas con-
firmée par les résultats consignés dans la planche qui accompagne
cet article; ils paraissent même la contredire. En discutant la question
il ne faut pas perdre de vue que la comparaison entre le câble sous-
marin et la bouteille de Leyde ne peut plus se soutenir aussitôt qu'il
se produit la plus légère fissure dans le câble. Les résultats obtenus
en disposant un conducteur, des amorces et un exploseur, comme dans
la figure 10, méritent une attention particulière à ce sujet. Ne pourrait-on pas admettre que lors de l'inflammation des deux amorces
l'eau n'a pas encore complétement imbibé le chanvre qui forme le
revêtement; que l'induction de l'un des conducteurs sur l'autre
diminue à mesure que l'eau a plus de points de contact avec la sub-
stance isolante; que le courant électrique développé par l'exploseur
perd peu à peu sa tension par suite de l'isolement incomplet du conducteur?

Je pense que les résultats que nous avons obtenus peuvent s'expliquer
en admettant que nos câbles télégraphiques soient moins bien isolés
que ceux du professeur Abel. Plus les câbles télégraphiques sont bien
isolés, et plus on doit craindre de faire sauter involontairement une
torpille.

Dans mon rapport du 14 mars 1871, j'ai dit pourquoi je préfère la bobine de Ruhmkorff aux appareils à extra-courant pour enflammer les torpilles électro-automatiques. Je pense aujourd'hui comme en 1871, qu'on peut conseiller l'emploi d'un exploseur à extra-courant, mais comme il y a maintenant plus de chance pour que les officiers du service des torpilles soient appelés à faire des expériences avant de choisir un exploseur, je crois qu'il est désirable que les officiers trouvent l'occasion de s'exercer à la pratique de ces appareils. En conséquence, la dépêche ministérielle du 8 août 1872 autorise l'achat d'un exploseur à extra-courant avec un relais pour 154 francs, et 20 éléments à 6 fr. 50 cent., chacun. Par suite de retard, la fabrique de Berlin ne nous a envoyé ces instruments que depuis peu de jours, et nous n'avons pas eu encore l'occasion de les essayer.

ANNEXE.

Annexe I.

Explosion de torpilles cylindriques en tôle.

DATES.	DISTANCE du radeau au-dessous duquel était suspendue la torpille à l'instrument qui servait à mesurer la hauteur de la colonne d'eau.	POIDS du radeau qui supportait la torpille.	VOLUME de la torpille.	NOMBRE d'amorces Abel placées dans la torpille.	PROFONDEUR de l'eau à l'endroit où était la torpille.	ÉPAISSEUR des parois.	CHARGE de poudre.	DISTANCE du niveau de l'eau à la surface supérieure de la torpille.	HAUTEUR de la colonne d'eau soulevée.
1872	mètres.	kilogr.	litres.		mètres	millim.	kilogr.	mètres	mètres
4 août	1,094.6	1,005	443.6	6	5.95	11	347.7	4	67.7
4 septembre	1,014.9	1,005	346.6	6	6.1	11	273.5	4	54.6
16 —	1,029.5	350	128.5	5	7	5	100	5	25.4
17 —	1,052.9	365	27.825	2	7	5	21.6	3	27.2
18 —	1,033.5	365	65.7	3	7	5	51 2	4	46 6
10 octobre	1,067.4	365	65.8	3	6.5	5	51.2	4	34.9
11 novembre	991.0	365	129.5	3	6	5	51.2	4	57.3

REMARQUES.

Chaque torpille était attachée par une chaîne au-dessous de son radeau.

Au-dessous de chacune des trois torpilles chargées de moins de 100 kilogrammes, on avait attaché à un cordage deux boulets de 30, ces boulets étaient à environ 5 mètres de la surface de l'eau.

Les radeaux sous lesquels étaient les torpilles chargées de 347^{k}7 et 21^{k}6 de poudre ont été brisés par l'explosion.

Les autres radeaux sont restés intacts.

Dans la torpille du 11 novembre, outre les 51^{k}2 de poudre, on avait mis vingt paquets de gargousses remplis chacun de 2^{k}5 de sciure de bois et de sable.

Annexe II.

Expériences d'éclatement de torpilles, en 1869, 1870, 1871 et 1872.

NUMÉROS d'ordre.	DATES.	MANIÈRE dont est placée la torpille.	MÉTAL de la torpille.	VOLUME de la torpille.	PROFONDEUR de l'eau au point où est mouillée la torpille.	NOMBRE des amorces d'Abel placées dans la torpille.	ÉPAISSEUR des parois.	CHARGE de poudre.	DISTANCE du niveau de l'eau à la partie supérieure de la torpille.	HAUTEUR de la colonne d'eau soulevée.
				litres.	mètres		millim.	kilogr.	mètres	mètres
1	15 juin 1870..	Torpille sous un radeau..	Tôle.	12.5	3	1	3	10	2	26.5
2	16 — —..	— — ..	—	12.5	3	1	3	10	2	25.3
3	16 — —..	— — ..	—	12.5	3	1	3	10	2	29
4	17 — —..	— — ..	—	12.5	3	1	3	10	2	29.1
5	18 — —..	— — ..	—	12.5	3	1	3	10	2	23.1
6	20 — —..	— — ..	—	12.5	3	1	3	10	2	29.9
7	26 août 1869..	— au fond de la passe	—	12.5	2	1	3	10	2	29
8	9 juill. 1870..	— sous un radeau..	—	129.5	6	5	8	100	4	32.3
9	11 — —..	— — ..	—	127.5	6	5	11.5	100	4	30.3
10	8 — —..	— — ..	—	130.0	6	5	5	100	4	34.2
11	11 oct. 1871..	— sur le fond......	—	129.0	2.9	4	8	100	3	80.85
12	16 sept. —..	— sous un radeau..	—	128.5	6	5	5	100	5	25.4
13	22 oct. —..	— — ..	Fonte.	134.0	5.8	5	22.2	56	4.3	23.4
14	17 sept. —..	— — ..	Tôle.	27.8	7	2	5	21.6	3	27.2
15	26 août —..	— — ..	—	130.5	6	1	5	100	4	30.5
16	13 juill. —..	— — ..	—	246.0	6	6	5	190	4	48.6
17	18 — —..	— — ..	—	249.5	6	6	11	190	4	43.3
18	14 — —..	— — ..	—	242.0	6	6	8	190	4	54.6
19	19 oct. —..	— — ..	—	348.5	6	6	8	273.5	4	60.00
20	4 sept. 1872..	— — ..	—	346.0	6.1	6	11	273.5	4	54.6
21	21 août —..	— — ..	—	443.0	5.95	6	11	347.7	4	67.7
22	18 — 1869..	— sur le fond......	Cuivre	12.5	2	1	3	10	2	34.9
23	25 — —..	—	—	12.5	2	1	3	10	2	31
24	25 — —..	—	Tôle.	12.5	2	1	3	10	2	31
25	26 — —..	—	—	12.5	2	1	3	10	2	32.9
26	1 sept. —..	— sous un radeau..	Fonte.	134.0	5.5	5	15.9	100	4.3	35.4
27	3 — —..	— — ..	—	134.0	5.5	5	27	100	4.3	39.4
28	1 août 1870..	— — ..	Tôle.	12.5	5.5	1	3	10	1	76
29	2 — —..	— — ..	—	12.5	5.5	1	3	10	2	35.4
30	2 — —..	— — ..	—	12.5	5.5	1	3	10	3	27.9
31	2 — —..	— — ..	—	12.5	5.5	1	3	10	4	11.7
32	29 sept. 1869..	— — ..	—	107.0	5.5	5	3.5	98.5	4.3	23.5
33	16 — 1872..	— — ..	—	65.7	7	3	5	51.2	4	46.6
34	10 oct. —..	— — ..	—	65.8	6.5	3	5	51.2	4	34.9
35	11 nov. —..	— — ..	—	129.5	6	3	5	51.2	4	57.3

REMARQUES.

On n'a pas pu mesurer avec précision l'immersion des torpilles placées sur le fond.

Dans la torpille du 11 novembre 1872, outre la charge de poudre de 51k2, on avait mis 50 kilogrammes de sciure de bois dans des gargousses.